어쩌면
애니메이션 속
주인공이
나일지도 몰라

지친 나에게 권하는 애니메이션 속 명언

어쩌면
애니메이션 속
주인공이
나일지도 몰라

이서희 지음

아이의 기억,
그 시절 반짝이던 순수함 속으로

RITEC CONTENTS

prologue

어린 시절 당신을 행복하게 해주었던 것은 무엇인가요?

애니메이션은 우리 인생에 있어 특별한 존재입니다. 어린 시절, 가장 순수한 마음으로 우리는 애니메이션을 만났죠. 그 속에 존재하던 수많은 인물은 친구이자 형제, 부모이자 선생이 되어 과거의 우리에게 많은 영향을 주었습니다.

애니메이션 작품들은 머릿속에 강렬히 남아 우리의 성장 과정을 관통합니다. 우리 마음속의 그들은 절대 사라지지 않고 남아 마음속 한쪽의 씨앗이 됩니다. 씨앗은 새싹에서 나무로, 우리와 함께 자라납니다. 애니메이션은 이렇듯 시대와 세대를 초월하여 각각의 방식으로 우리의 마음을 어루만지고, 깊이 감동을 주며, 상상력을 자극합니다.

『은하철도 999』를 보며 희로애락을 다시 한번 느끼던 어머니의 모습에 영감을 받아 이 책을 집필하기 시작했습니다. 애니메이션이 다 커버린 우리에게 커다란 감정의 굴곡을 줄 수 있다는 것은 놀라운 발견이었습니다. 주인공의 행동에 박장대소를 하고 때로는 눈물을 흘리기도 하던 어머니의 곁에 앉아 애니메이션을 함께 보며 나에게도 그런 순간이 올까 상상하곤 했습니다. 그렇게 저는 마법처럼 어린 시절 만나온 애니메이션이라는 보물 상자를 다시 한번 열어보게 되었습니다.

이 책을 쓰면서, 저는 여러분도 애니메이션이라는 특별한 추억을 다시 한번 돌이켜볼 수 있기를 바랍니다. 언제나 마음 한쪽에 존재했던 시간을, 바쁜 나날에 까마득히 잊고 있던 존재들과의 연결을 다시 한번 선물하고 싶습니다.

각 장에서 소개되는 애니메이션 작품들은 어린 시절 친구와의 우정, 순수한 사랑의 힘, 운명적인 과거의 순간들, 빛나는 용기와 꿈꾸는 세계를 보여줍니다. 애니메이션은 어린 시절의 모든 순간에 있어 우리에게 의미 있는 순간들로 남아있습니다. 어린 시절 우리의 상상력을 자극하던 작품들은 이제 더 깊은 의미와 가르침을 가지고 우리에게 다가옵니다.

어쩌면 애니메이션이야말로 어른들을 위한 것이 아닐까 생각합니다. 애니메이션을 통해 내 안에 사라진 듯한 순수함을 다시 찾기도 하고, 현실에서 잠시 벗어나 마음의 평화를 얻기도 하니까요. 그리고 어른이 되어서야 어릴 때 보지 못한 숨겨진 의미가 보이기도 하지요.

그러니, 이 책이 여러분을 다시 한번 신비하고 아름다운 애니메이션의 세계로 이끌었으면 합니다. 여러분의 어린 시절로 돌아가 지나온 과거를, 마주한 현재를, 앞으로의 미래를 더 밝게 비춰줄 수 있기를 바랍니다. 애니메이션의 마법은 계속됩니다.

이서희

차례

PART 1. 그때 우리, 소중함을 품고

우리 모두에게 소중했던 그때 그 시절이 있죠. 아무리 오랜 시간이 지나도, "그때"라는 단어는 우리를 아련하게 만듭니다. 말로 다 형용할 수 없는 그때의 경험과 감정들. 여러분은 종종 그때를 그리워하지 않나요? 참 순수하고 해맑았던 그때 우리를요.

우리는 자라나 어른이 되었지만, 과거 우리와 함께했던 애니메이션 주인공들은 여전히 그 자리에 남아있습니다. 그리고 그들은 여전히 우리 마음 한쪽에 살아 있죠. 함께라서 즐거웠던 애니메이션 주인공들, 환상적이던 그 시절의 이야기들. 일상에 지친 당신에게 그때 우리의 소중함을 선물합니다. 그때 그 시절을 다시 한번 만나보세요.

1-1 아이의 눈에만 보이는 순수함 속으로

이웃집 토토로 - 미야자키 하야오

1950년대 일본의 아름다운 시골 마을. 예의 바르고 씩씩한 초등학생인 12살 사츠키와 엉뚱하고 호기심 많은 4살 메이는 사이좋은 자매입니다. 아이들의 아빠는 도쿄 대학의 강사이고, 엄마는 건강이 좋지 않아 병원에 입원 중이죠. 도시에 살던 가족은 곧 퇴원할 엄마를 맞이하기 위해 맑고 조용한 시골로 이사를 왔습니다.

사츠키 가족이 살게 될 집은 숲 한가운데에 있었습니다. 금방

이라도 무너질 것 같은 오래된 집이죠. 호기심 많은 사츠키와 메이는 새집을 둘러보기 바쁩니다. 집 안 곳곳을 돌아다니며 줄지어 떨어져 있는 도토리를 줍고, 다락에도 올라가 봅니다.

자매는 다락에서 검댕이 도깨비, 마쿠로 쿠로스케를 발견합니다. 마쿠로 쿠로스케는 어린아이 주먹만 한 크기의 검은색 요정이죠. 그들은 주로 빈집에 살다 주인이 오면 이사를 가곤 하는데, 사츠키 가족이 새로운 집 주인이 되자 급하게 떠날 준비를 합니다. 이사 갈 채비를 하는 마쿠로 쿠로스케를 만난 사츠키와 메이는 그저 흥미롭기만 합니다.

sentence 001

そりゃすごいぞ！
お化け屋敷に住むのが子供の時からのお父さんの夢だったんだ。

그거 굉장한데!
유령의 집에서 사는 것이 어렸을 때부터 아빠의 꿈이었어.

sentence 002

そうさ こんないいお天気 におバケなんか出るわけない。

明るい所から急に暗い所に入ると、目がくらんでまっくろくろすけがで出るのさ。
이런 좋은 날씨에 유령 같은 게 나올 리가 없지.
갑자기 밝은 곳에서 어두운 곳으로 들어가면,
마쿠로 쿠로스케가 보일 거야.

새로운 환경에 눈이 번뜩이는 아이들. 사츠키와 메이는 숲과 나무가 가득한 아름다운 시골 마을에서 행복한 일상을 보냅니다. 그러다 초등학생인 사츠키는 학교에 다니기 시작했고 메이는 많은 시간을 숲에서 혼자 보내게 됐죠.

그러던 어느날, 메이는 집 앞 마당에서 작고 이상한 동물을 발견합니다. 작은 동물은 도토리를 흘리며 숲으로 들어갑니다. 개구쟁이 메이는 동물을 따라 숲으로 들어갔고요.

동물을 따라 복잡하고 신비한 숲속의 미로를 지나게 되는 메이. 우연히 큰 나무 밑으로 떨어진 메이는 숲속 은밀한 공간에 잠들어 있는 숲의 주인을 발견합니다. 숲의 주인은 아주 커다란 생명체였습니다. 메이는 생명체 위에 올라가 장난을 칩니다. 그러자 생명체가 하품 소리를 내며 일어납니다.

그의 하품 소리를 들은 메이는 마치 하품 소리가 '토토로' 같다며, 그에게 토토로라는 이름을 지어줍니다. 메이는 곧 숲의 요정 토토로의 배 위에서 잠이 들어버립니다. 얼마 뒤 언니 사츠키가 학교에서 돌아와 메이를 깨웁니다. 메이는 토토로를 만났다는 자신의 환상적인 경험을 사츠키에게 자랑하지만, 사츠키는 메이의 말을 믿지 못하죠.

sentence 003

メイ こらっ お起きろ！

こんなとこで眠ちゃ だめダメでしょ。

메이! 일어나!

이런 데서 자면 안 돼.

トトロは? トトロいたんだよ。

毛がはえて こーんな口してて。

토토로는? 토토로가 있었단 말이야.

털이 많고 입이 왕 크고.

sentence 004

メイはきっとこの森のヌシに会ったんだ。

それはとても運がいいことなんだよ。

でも いつも会えるとはかぎらない。

숲의 주인을 만났나 보다.

메이는 운이 좋은 거야.

숲의 주인을 항상 만날 수 있는 건 아니란다.

sentence 005

むかしは 木と人はなかよしだったんだよ。

옛날엔 나무와 사람이 친구였단다.

비가 세차게 내리던 어느 날, 자매가 우산 없이 외출한 아빠를 위해 버스정류장으로 마중을 나갑니다. 하지만 오래도록 기다려도 아빠는 오지 않지요. 어린 메이가 금세 지쳐버리자, 씩씩한 사츠키는 메이를 업고 계속 아빠를 기다립니다.

그러다 갑자기 토토로가 나타납니다. 토토로는 머리 위에 나뭇잎 하나만 올려둔 채 사츠키 옆에서 버스를 기다립니다. 드디어 사츠키도 토토로를 만나게 됐죠.

마음씨 착한 사츠키는 비를 맞고 있는 토토로에게 우산을 빌려줍니다. 그러자 토토로는 답례로 사츠키에게 씨앗 묶음을 건네주었죠. 곧이어 고양이 버스가 도착하고, 토토로는 고양이 버스를 타고 떠납니다. 토토로를 보낸 사츠키는 아빠를 계속 기다립니다.

마침내 기다리던 아빠가 오고, 다 함께 집으로 돌아갑니다. 집에 돌아온 자매는 마당에 나가 토토로가 준 씨앗을 심어봅니다. 하지만 싹이 쉽게 나지 않았죠.

sentence 006

トトロ？あっ 待ってね。

傘貸してあげる。こうやって使うのよ。

토토로? 잠깐만.

우산을 빌려줄게. 이렇게 쓰는 거야.

sentence 007

おかあさん まだ胸がドキドキします。

とても不思議で ブキミで樂しい１日でした。

それにトトロのくれたお礼もステキだったの!

엄마, 아직도 가슴이 두근거려요.
신기한 일들로 즐거운 하루였거든요.
그리고 토토로가 보답으로 준 선물도 정말 멋져요!

며칠 후, 사츠키와 메이는 토토로들이 씨앗을 심은 텃밭 주위를 돌며 춤을 추는 장면을 목격합니다. 사츠키와 메이도 토토로들과 함께 싹을 틔우는 춤을 춥니다. 신나게 춤을 추자 씨앗에서 싹이 트기 시작합니다.

싹은 금세 자라 하늘까지 닿을 듯한 커다란 나무가 됩니다. 그러자 토토로는 모두를 끌어안고 하늘을 날아 나무 꼭대기로 올라갑니다. 사츠키와 메이는 아름다운 시골 전경을 두 눈에 가득 담을 수 있었죠.

눈을 떠보니 다음 날 아침입니다. 자매는 간밤에 일어난 일이 꿈일까 봐 걱정스러운 마음에 마당으로 뛰어나가 봅니다. 마당에 심어둔 씨앗에 여전히 싹이 트여있습니다. 자매는 안심하며 크게 기뻐합니다. 그렇게 사츠키와 메이는 토토로와의 만남으로 다양한 경험을 쌓으며 행복에 가득 찬 일상을 보냅니다.

sentence 008

小ちぇ頃にはわしにも見えたが、そうかあんたらにも見えたんけ。

어린 시절에는 나도 보였는데, 너희에게도 보였구나 .

sentence 009

やったー！ ゆめだけど…… ゆめじゃなかった！

싹이 났어! 꿈이었지만……. 꿈이 아니었어!

어느 날 병원에서 전보가 도착합니다. 엄마의 퇴원이 연기되었다는 소식이었어요. 아빠는 엄마를 만나러 급하게 병원으로 가고, 자매는 이웃집 할머니에게 맡겨집니다.

할머니가 잠깐 자리를 비운 사이, 큰 불안함을 느낀 메이는 엄마를 보고 싶다는 마음에 무작정 혼자 병원으로 향합니다. 하지만 어린 메이는 금세 길을 잃죠. 메이가 사라졌다는 사실을 뒤늦게 알게 된 사츠키는 마을 사람들과 함께 동생을 찾으러 나섭니다.

사츠키는 다급한 마음에 필사적으로 토토로를 불러 도움을 요청합니다. 그러자 토토로는 사츠키를 위해 고양이 버스를 부릅니다. 고양이 버스를 타고 바람처럼 달려 메이를 찾게 된 사츠키. 자매는 눈물을 흘립니다.

자매를 태운 고양이 버스는 엄마가 있는 병원으로 갑니다. 덕분에 아이들은 병실 창문을 통해 엄마와 아빠의 모습을 볼 수 있었습니다.

sentence 010

メイ おかあさんの体の具合が悪いんだって だから今度 帰ってくるの伸ばすって。

엄마 상태가 나빠지셔서 퇴원이 조금 늦어지신대.

やだーっ！

싫어!

しかたないじゃない。ねっ ちょっと伸ばすだけだから……

어쩔 수 없어. 조금 늦어지는 거야…….

やだ！

싫어!

じゃおかあさんが死んじゃってもいいのね？

メイのバカ! もう知らない！

엄마가 돌아가셔도 괜찮니?

메이는 바보야! 맘대로 해!

sentence 011

トトロ!

토토로!

メイが迷子になっちゃったの探したけど見つからないの！

おねがい メイを探して。

今ごろ きっとどこかで泣いてるわ。

どうしたらいいか わからないの。

みんなには見えないんだわ。

메이가 없어졌어.

부탁이야 메이를 찾아줘.

메이가 어디선가 울고 있을 거야.

어떻게 해야 할지 모르겠어.

사람들이 메이를 찾지 못하고 있어.

sentence 012

おかあさん 笑ってるよ。

大丈夫みたい！

엄마가 웃고 있어.

엄마가 이제 괜찮으신가 봐!

『이웃집 토토로』는 미야자키 하야오 감독의 영화로, 1988년에 제작된 애니메이션입니다. 스튜디오 지브리의 대표적인 작품 중 하나로 손꼽히기도 하죠. 영화는 일본의 시골 마을로 이사를 온 두 자매, 사츠키와 메이의 이야기를 환상적으로 풀어냈습니다. 아이들은 숲의 요정 토토로를 만나고 토토로와 함께 신비하고 색다른 경험을 하게 됩니다.

『이웃집 토토로』는 동심과 감성, 자연과의 공존을 모두 담은 이야기로, 우리의 유년 시절 따뜻한 기억을 불러옵니다. 낯선 시골 마을로 이사 간 자매가 자연 속에서 신비로운 생명체를 만나고, 싹을 틔우기 위해 함께 춤을 추는 등, 토토로라는 숲의 요정과의 만남은 호기심 많고 순수했던 우리의 동심을 깨우죠. 일본 시골의 아름다운 배경과 평화로운 OST 또한 우리의 마음을 울릴 만큼 감성적입니다.

마지막으로 자매는 마을 사람들 덕분에 낯선 환경에 적응할 수 있게 됩니다. 토토로 덕분에 불안과 외로움을 해소하고 아이들이 이웃과 자연에 공존하는 모습은 더 없이 아름다운 결말입니다.

토토로의 가장 큰 작품 특징인 동심과 순수함은 아이들에게만 보이는 토토로의 존재 자체로 나타납니다. 순수함을 잃은 어른들에게는 토토로가 보이지 않습니다. 토토로를 만났다는 아이들의 이야기를 들으면 어떤 어른도 진지하게 받아들이지 않을 겁니다. 그저 고양이나 낯선 야생 동물을 만난 것으로 생각하겠죠.

하지만 사츠키와 메이의 아빠는 딸들의 말을 흘려듣지 않습니다. 나무의 정령들이 나타난 것 같다고 말해주었죠. 아이들의 순수함을 지킬 수 있는 건 결국 순수함을 지나온 어른들인 것 같습니다. 순수했던 그 시절의 소중함을 알기에 아이들의 맑음을 존중해준 아버지 또한 멋진 어른이 아닐까요.

자연과의 공존 문제는 날이 갈수록 중요한 세계적 주제가 되고 있습니다. 현 시대를 살아가는 어른들은 도시화의 과정을 겪었습니다. 그로 인해 많은 자연 친화적인 관계들을 잃었고요. 이 작품에서는 도시에서 찾아보기 어려운 시골 마을의 따뜻한 마음씨를 돌아볼 수 있습니다. 그리하여 이웃과 함께하는 삶, 자연과 함께하는 삶의 중요성을 다시 한번 생각해 볼 수 있고요. 『이웃집 토토로』 속 사츠키와 메이는 숲속에 사는 신비로운 생명체 토토로와의 만남을 통해 자연의 신비와 아름다움을 경험합니다. 이 관계는 인간이 자연과 어떻게 조화를 이루며 살아가야 하는지를 보여주죠. 이는 동양 철학에서 자연과 인간의 조화를 중시하는 도교 사상이나, 서양의 생태 철학과도 연관될 수 있습니다.

더불어 사랑스러운 자매의 감성적이고 환상적인 일상을 들여다 보면 우리의 마음도 어느새 포근해집니다. 사츠키의 가족이 서로를 위하고, 이웃과 자연과 함께하는 아름답고 평화로운 모습을 통해 우리를 다시 한번 돌아보면 어떨까요.

마음이 척박해질 때면, 토토로와 함께 동심의 세계로 빠져들어 보세요. 그때 우리가 겪었던 이야기들을 되짚어보면 온 마음이 따사롭게 차오를 겁니다.

아이의 기억

어렸을 적 마음이 편안해졌던 나만의 공간이 있었나요?
떠올리기만 해도 마음이 따뜻해지는 소중한 공간들을 적어보세요.

#어린시절 #시골마을 #향수

이웃집 토토로의
주제가를 감상해 보세요.

1-2 늘 함께하는 작은 공 속 몬스터

포켓몬스터 - 유야마 쿠니히코

TV에서는 포켓몬 리그가 한창입니다. 10살 지우는 흥분하며 TV에서 방영하는 포켓몬 리그를 바라보고 있죠. 세계 제일의 포켓몬 매니저가 꿈인 지우의 방은 온통 포켓몬 모양의 물건들로 가득합니다. 지우는 드디어 내일 초심자용 포켓몬을 하나 받고 포켓몬과 함께 여행을 시작할 수 있습니다.

설레어 쉽게 잠을 이루지 못하는 지우. 그래도 밤은 지나 아침이 되었습니다. 결국 지우는 늦잠을 자고, 헐레벌떡 초심자용 포켓몬을 받으러 뛰어나갑니다.

오 박사의 연구실 앞에 도착한 지우. 지우는 포켓몬을 받으러 간 자리에서 운명의 라이벌이자 오 박사의 손자, 바람이도 만납니다. 라이벌이 생겼다는 마음에 지우의 마음은 불타오릅니다.

바람이와의 불꽃 튀는 대화를 뒤로 하고, 지우는 초심자용 포켓몬을 받으러 오 박사에게 향합니다. 늦잠을 자서 지각한 지우에게는 포켓몬을 고를 수 있는 선택지가 없었습니다. 남아있는 포켓몬이 단 하나뿐이었거든요.

아쉽지만 동시에 기대되는 마음으로 몬스터볼을 열어보는 지우. 그렇게 지우는 영원한 파트너, 피카츄를 만납니다. 피카츄는 노란색 작은 쥣과로, 전기공격이 특징인 포켓몬이었습니다. 신이 난 지우는 피카츄를 안아보지만, 부끄러움이 많은 피카츄는 전기를 내뿜으며 지우를 거부합니다. 피카츄의 마음은 얻지 못했지만 오 박사로부터 포켓몬 도감과 몬스터볼을 받으며 지우의 여행이 시작됩니다.

sentence 013

ピカチュウ、あなたは私のものだ！

피카츄, 넌 내 거야!

sentence 014

人生は与えられたカードで繰り広げる真剣な勝負だ。

私がもらったカードに文句を言うよりは、

そのカードをどのように扱うか悩むことがもっと重要だ。

인생은 주어진 카드로 펼치는 진지한 승부야.

내가 받은 카드에 불평하기보다는,

그 카드를 어떻게 다룰지 고민하는 것이 더 중요하단다.

sentence 015

ポケットモンスターの世界へようこそ。

포켓몬스터의 세계에 잘 왔다.

피카츄와의 여행은 결코 순탄하지 않았죠. 피카츄는 몬스터볼에 들어가는 것도 거부하고, 야생 구구와 같은 다른 몬스터를 잡아야 할 때는 싸움이 싫다며 저 멀리 도망가 버립니다. 어쩔 수 없이 지우는 자신의 힘으로 야생 구구를 잡아보려 하지만 턱없이 부족했습니다.

야생 구구를 잡으려다 실수로 깨비참이라는 무서운 새 몬스터를 공격하게 된 지우. 지우의 공격에 화가 난 깨비참이 지우와 피카츄를 향해 달려듭니다. 위험을 느낀 피카츄가 전기공격을 가해 깨비참을 내쫓습니다. 하지만 곧 엄청난 새 떼가 지우와 피카츄에게 몰려왔죠. 깨비참이 수많은 친구를 몰고 와 지우와 피카츄를 위협했고, 지우와 피카츄는 한참을 도망갑니다.

달리고 달리다 폭포 속으로 빠진 지우와 피카츄. 물속을 허우적거리던 그들을 건너편에서 낚시하던 이슬이가 건져줍니다. 눈을 뜬 지우는 이슬이가 가지고 있던 자전거를 발견합니다. 지우는 이슬이에게 자전거를 빌려달라 부탁하고, 이슬이는 미심쩍지만 지우에게 자전거를 빌려줍니다. 그렇게 지우는 이슬이의 자전거를 타고 깨비참으로부터 계속 도망쳤죠.

끝도 없이 쫓아오는 깨비참 무리. 도망에 지친 지우와 피카츄가 땅바닥에 주저앉습니다. 피카츄가 다치는 모습을 보고 싶지 않은 지우는 피카츄에게 몬스터볼에 들어가달라고 부탁합니다. 곧이어 깨비참 무리가 지쳐 쓰러진 지우에게 돌격합니다. 지우는 피카츄를 지키기 위해 몸을 던져 깨비참 무리에 맞서죠.

위험의 순간, 갑자기 지우의 눈앞이 번뜩입니다. 피카츄가 지우의 어깨 위로 올라와 모든 깨비참에게 전기공격을 가했죠. 서로에게 감동한 지우와 피카츄. 고난에서 시작된 끈끈한 우정으로 그들은 다채로운 여행에 발걸음을 내딛습니다.

sentence 016

未来は決まってない。

私たちが自ら開拓するんだよ！

미래는 정해지지 않았어.

우리가 스스로 개척하는 거야!

sentence 017

どんなポケモンを飼うのか、どんな技術を教えるのか、

どんな道具を持たせようか、このすべてをおろそかにしないこと。

それが勝つためのすべてだ。

君はそんな意味で立派な勝負師だね。

어떤 포켓몬을 키울 것인가, 어떤 기술을 가르칠 것인가,

어떤 도구를 지니게 할 것인가, 이 모든 것을 소홀히 하지 않는 것.

그것이 이기기 위한 모든 것이다.

너는 그런 의미로 훌륭한 승부사로군.

여행을 계속하던 어느 날, 지우와 피카츄는 상록시티를 방문합니다. 방문과 동시에 지우는 수상한 사람으로 오해받아 경찰에게 붙잡히고 마는데요. 알고 보니 온 동네를 누비고 있다던 포켓몬 도둑으로 오해받은 것이었습니다.

경찰과 오해를 풀고 길을 계속 가려던 찰나, 경찰이 일전에 깨비참과의 싸움으로 다친 피카츄를 발견합니다. 친절한 경찰은 치료를 위해 지우와 피카츄를 포켓몬센터로 데려다줍니다.

피카츄가 간호사에게 치료받는 동안 느닷없는 경보가 포켓몬센터에 울려 퍼집니다. 잠잠했던 포켓몬센터가 갑자기 혼비백산이 됩니다. 포켓몬 도둑이 포켓몬센터에 쳐들어온 것이죠.

그들의 이름은 로켓단으로, 로사와 로이 그리고 나옹이라는 포켓몬으로 구성되어 있었습니다. 로켓단은 강하고 진귀한 포켓몬을 찾아다니는 포켓몬 도둑이었습니다.

sentence 018

私たちが誰かと聞かれたら答えてあげるのが世の情け。

世界の破壊を防ぐため、世界の平和を守るため

愛と真実の悪をつらぬく

ラブリー・チャーミーな敵役。

우리가 누구냐고 물으신다면 대답해 드리는 게 인지상정.

이 세계의 파괴를 막기 위해, 이 세계의 평화를 지키기 위해,

사랑과 진실, 어둠을 뿌리고 다니는 포켓몬의 감초, 귀염둥이 악당.

私はロサ僕はロイ僕はニャースだよ。

나 로사, 나 로이, 난 나옹이다옹.

銀河をかけるロケット団の二人には……

ホワイトホール、白い明日が待ってるぜ。

우주를 누비는 우리 로켓단들에게는

아름다운 미래, 밝은 내일이 기다리고 있다.

sentence 019

この世に必要ないポケモンはいない。

そんなものがあるはずがないじゃん！

이 세상에 필요 없는 포켓몬은 없어.

그런 게 있을 리가 없잖아!

sentence 020

いつでも世の中を変えるのは夢を本当に追いかける人だよ。

언제든 세상을 바꾸는 것은 꿈을 진정으로 뒤쫓는 사람이야.

로켓단의 위협에 포켓몬센터에 있던 포켓몬 일부는 다른 도시인 회색시티로 보내지고, 포켓몬센터에 남은 포켓몬들은 겁을 먹습니다.

바로 그때, 지우와 피카츄에게 자전거를 빌려주었던 이슬이가 이들을 쫓아 포켓몬센터까지 찾아옵니다. 피카츄가 깨비참과 싸움을 벌일 때, 전기공격으로 깨비참뿐만 아니라 이슬이의 자전거까지 태워버렸기 때문이죠. 망가진 자전거에 화가 난 이슬이는 먼 길을 달려와 지우에게 따집니다.

모두가 겁을 먹은 상황. 지우에게 볼일이 끝난 이슬이가 상황을 주도합니다. 이슬이는 겁도 없이 자신의 포켓몬을 꺼내 로켓단과 싸움을 시작하죠. 이슬이의 포켓몬은 콘치로 금붕어 같은 생김새를 가졌고, 뿔을 사용해 물속에서 전투하는 것이 특징입니다. 주저 없이 꺼낸 포켓몬이지만, 물속에서만 싸움이 가능한 포켓몬에 모두가 당황하고 맙니다. 이슬이가 시간을 벌어주는 틈을 타 지우와 치료를 받던 피카츄는 황급히 도망칩니다.

그러다 이슬이의 고물 자전거에 걸려 넘어지는 지우와 피카츄. 그렇게 우연히 피카츄는 전기를 내뿜게 되고, 고물 자전거와 연결되어 있던 여러 선으로 피카츄의 전기가 흐릅니다.

운이 나쁜 로켓단은 곧 전기가 통하는 선에 닿았고, 피카츄가 내뿜는 강한 전기공격에 로켓단은 손쓸 새도 없이 전기공격을 얻어맞게 됩니다. 피카츄의 강한 전기공격에 결국 포켓몬센터까지 불에 탔습니다. 크게 다친 로켓단은 피카츄의 위력에 겁을 먹고 급히 자리를 뜹니다.

sentence 021

最強のポケモンのようなものはないし、ベスト構成もない。
だからいつも勝つのは難しい。
しかし、強さを追求する心、最強を知りたがる心……
それを私は高貴だと思う。
そして、それを持っている君を尊敬する。

최강의 포켓몬 같은 것은 없고, 베스트 구성도 없어.
그렇기 때문에 항상 이기는 것은 어렵지.

그러나, 강함을 추구하는 마음, 최강을 알고 싶어 하는 마음…….
그것을 나는 고귀하다고 생각하지.
그리고 그것을 가지고 있는 너를 존경한다.

sentence 022

君とポケモンならいつでも、どこでも、
どんなことでも乗り越えられる。
너와 포켓몬이라면 언제라도, 어디라도,
어떠한 것이라도 이겨낼 수 있어.

지우와 아이들은 포켓몬 리그 지구대회에 참가하기 위해 회색시티로 향합니다. 체육관에 들어가자 회색 체육관장 웅이가 아이들을 기다리고 있었죠. 체육관장과의 싸움에서 이겨야 배지를 받고 포켓몬 리그에 참가할 수 있었기 때문에 지우는 웅이에게 결투를 신청합니다. 그렇게 지우와 피카츄 그리고 웅이의 포켓몬 싸움이 시작됩니다.

지우에게 피카츄가 있었다면, 웅이에게는 거대한 몸집의 돌덩이, 롱스톤이 있었습니다. 피카츄는 자신의 주 무기인 전기충격을 시도하지만, 돌 성질의 롱스톤에게 전기공격은 통하지 않았습니다.

전기공격을 가뿐히 넘긴 롱스톤은 피카츄에게 조이기 공격을 시도합니다. 돌 사이에 피카츄를 넣고 고통스럽게 조여대는 공격이죠. 충격을 받은 지우와 피카츄는 시합을 포기합니다.

웅이에게 패배한 지우는 고압 전기를 사용하는 방법을 배우는 등 피카츄와 고되게 훈련을 합니다. 그리고 다시 한번 웅이에게 도전하는 지우. 훈련 때문인지 작은 돌 포켓몬, 꼬마돌을 쉽게 무너뜨립니다. 하지만 롱스톤에게는 전기공격이 여전히 통하지 않았습니다.

포기하려는 찰나, 피카츄의 전기가 우연히 천장의 스프링클러로 향하게 되고, 스프링클러에서 나온 물에 젖은 롱스톤은 전기충격을 받고 쓰러집니다.

하지만 스프링클러에 의한 승리는 사고일 뿐이라는 지우. 승리를 받아들이지 않고 회색 체육관을 떠납니다. 떠나는 지우에게 웅이가 달려와 배지를 건넵니다. 배지를 받을 자격이 없다는 지우에게 웅이는 자신의 꿈을 대신 이루어달라고 말합니다.

웅이는 가족들 때문에 마을을 떠나 세계 제일의 포켓몬 매니저가 될 수 없었습니다. 하지만 지우와의 경기에서 큰 인상을 받은 웅이는 꿈에 대한 열망을 다시 한번 키웁니다. 결국 큰 결심을 내려 가족들을 아버지에게 맡기고 지우와 이슬이를 따라 같이 여행을 떠나겠다고 선언합니다. 그렇게 지우와 이슬이, 웅이는 꿈과 희망을 품고 길고 긴 포켓몬 여행을 함께 합니다.

sentence 023

強いポケモン、弱いポケモン。

そんなことは人々が勝手に決めることだよ。

本当に強いトレーナーなら、自分の好きなポケモンで勝てるように努力しなければならない。

강한 포켓몬, 약한 포켓몬.

그런 건 사람들이 멋대로 정하는 것이야.

정말로 강한 트레이너라면, 자신이 좋아하는 포켓몬으로

이길 수 있도록 노력해야 해.

sentence 024

諦めたらダメだよ。

諦めた瞬間、すべてが終わりだよ。

포기하면 안 돼.

포기하는 순간 모든 게 끝이야.

sentence 025

私たちはできる。

私はあなたたちを信じている、私たちは最高のパートナーだから。

우린 할 수 있어.

난 너희들을 믿고 있어, 우린 최고의 파트너니까.

『포켓몬스터』는 다른 애니메이션들과 달리 게임으로 먼저 만들어졌다가 나중에 애니메이션화되었습니다. 1995년, 포켓몬스터 즉 '주머니 속의 괴물'을 훈련하여 전투시키는 게임이 만화로 만들어진 것이죠.

몬스터라고 하면 처치해야 할 대상 혹은 적이라고 생각이 드는 게 보통이지만, 그런 몬스터를 내가 직접 키워 경쟁한다는 것이 사람들에게 신선하게 다가왔을 것 같습니다. 아이와 어른 모두에게 특별한 경험이었죠.

그렇기 때문에 1997년부터 방영된 작품이 현재까지도 영화로 제작되고 VR 등 다양한 게임으로 발전되어 그 맥을 이어가고 있습니다. 특히 미숙하고 엉뚱하지만 용기 있는 주인공 지우와 강하고 귀여운 포켓몬 피카츄가 짝을 이뤄 모험을 떠나는 모습이 재미와 감동을 동시에 줍니다. 지우와 피카츄가 서로 말다툼하거나 장난치는 모습은 만화를 넘어 현실적인 모습으로 다가와 큰 공감을 사기도 했습니다.

특히 최근에는 "포켓몬 GO"라는 휴대폰 게임 어플리케이션의 유행으로 어른, 아이 할 것 없이 많은 사람이 포켓몬에 관심을 가지기도 했습니다. 포켓몬 대결은 경쟁을 통해 서로 성장하는 과정을 보여줍니다. 그러나 이 경쟁은 단순히 상대를 무찌르는 것이 아니라, 서로를 존중하고 배우는 과정이기도 하죠. 이는 니체의 '초인' 사상이나 아리스토텔레스의 '탁월성' 개념과 연결될 수 있습니다. 경쟁을 통해 자신을 넘어서고, 이를 통해 더 나은 존재로 거듭나는 과정은 인간성장의 중요한 주제입니다.

『포켓몬스터』는 주인공 지우가 세계 제일의 포켓몬 매니저라는 꿈을 꾸며 방방곡곡 모험을 떠나는 이야기입니다. 지우의 여정에는 수많은 우연과 만남이 존재하죠. 그러나 그는 자신의 의지와 노력으로 어려움을 극복하고 목표를 향해 나아갑니다. 이는 인간 존재의 의지와 운명에 대한 철학적 질문을 던집니다. 또한, 오롯이 꿈 하나만 품고 수많은 사람을 만나고, 여러 고난을 겪는 지우의 모습을 보다 보면, 꿈에 대한 어린아이의 무조건적인 열정이 부럽게 느껴지기도 합니다. 순수함에서 오는 강렬함이기도 하고요.

여러분도 언젠가 그렇게 강렬히 바랐던 꿈이 있었을 겁니다. 그리고 그 열정적이던 꿈은 어른이 된 우리의 삶에, 냉혹한 현실에 사그라들었을지도 모르겠습니다. 이번 기회로 우리의 꿈을 다시 한번 돌아보는 것은 어떨까요? 어린 시절 당신이 간절히 바라던 꿈을 어른이 된 당신이 응원하고 지지해 줄 수 있을 거예요. 그때 그 꿈을 다시 한번 꺼내 꿈을 향한 여행을 떠나보세요. 우리의 여행이, 그리고 지우와 피카츄의 여행이 언제고 계속되길 바랍니다.

아이의 기억

세계 제일의 포켓몬 매니저가 꿈이던 지우처럼,
당신도 간절히 바랐던 꿈이 있나요? 당신이 소망하던 꿈을 알려 주세요.

#친구 #동료 #우정

포켓몬스터의
주제가를 감상해 보세요.

1-3 외로웠던 나에게 친구가 생겼어요

도라에몽 - 후지코 F. 후지오

동그랗고 하얀 얼굴에 파란색 몸을 가진 존재, 도라에몽은 진구에게 나타난 선물같은 친구입니다. 도라에몽은 진구가 겪는 모든 일을 함께 하죠. 그러던 어느 날, 진구가 어질러둔 방을 보고 도라에몽이 크게 한숨을 쉽니다. 진구를 대신해서 방을 정리해 주는 도라에몽의 뒤편으로 진구가 싱글벙글 웃으며 나타납니다. 그리고 도라에몽이 가장 좋아하는 음식인 도라야끼 빵(팥빵)을 선물하며 숙제를 도와달라고 부탁하죠.

이런 진구의 모습에 도라에몽은 화가 납니다. 진구가 도라에몽에게 너무 의지했기 때문이죠. 진구가 자신의 도움에 고마움을 느끼지도 않는다고 생각했고요. 게다가 곧 있으면 진구가 도라에몽 없이는 아무것도 하지 않고, 하지 못하는 아이가 될 것만 같았습니다. 도라에몽은 빵이 너무 먹고 싶었지만 꾹 참고 진구에게 이야기합니다. 숙제를 절대 도와주지 않겠다고요.

도라에몽의 거절에 진구는 큰 소리로 웁니다. 도라에몽이 없다면 혼자서는 절대 숙제를 끝낼 수가 없을 것 같아서였죠. 진구의 연약한 모습에 도라에몽은 진구에게 왜 스스로 숙제를 끝낼 수 없다고 생각하는지 묻습니다. 그리곤 진구가 어쩌다 이런 상황을 맞이하게 됐는지 돌아보라고 덧붙였습니다.

sentence 026

道を選択するということは、必ず良い道だけを選択するのではない。
障害物があれば、それを乗り越えて行けばいいんだ。
길을 선택한다는 건, 꼭 좋은 길만을 선택하는 게 아니야.
장애물이 있으면, 그걸 뛰어넘어서 가면 돼.

sentence 027

仮装してはいけないことは 自分でできないと思ってるんだよ。

가장 해서는 안 되는 일은 스스로 할 수 없다고 생각하는 거야.

sentence 028

何もせずにすぐにうまくできると思う？

努力もしないで、ある日突然立派な人になるよか？

君の未来がどうなるかはこれからの君の努力次第だ！

아무것도 하지 않고 바로 잘할 수 있겠어?

노력도 하지 않고 어느 날 갑자기 훌륭한 사람이 되겠어?

너의 미래가 어떻게 될지는 앞으로 너의 노력에 달려있어!

울음을 그친 진구는 도라에몽에게 주려고 했던 빵을 먹으며 생각해 보겠다고 이야기합니다. 진구의 태도는 전혀 진지하지 않았고, 결국 진구는 나중에 생각하겠다며 넘겨버리고 말죠.

도라에몽은 빵도 먹지 못하고, 진구가 잘못을 뉘우치는 시늉도 하지 않자 머리끝까지 화가 치솟습니다. 그리고 진구에게 천성부터 게으른 존재라며 버럭 화를 냅니다. 그러자 진구는 도라에몽에게 숙제가 아니라 게으른 성격을 고치게 도와달라고 요청하죠.

끝나지 않는 진구와의 실랑이 속에 도라에몽은 주머니 속에서 미래 도구를 꺼냅니다. 이번에 꺼낸 도구는 바로 퀵 향수와 슬로우 향수. 퀵 향수를 뿌리면 빠르게 행동하게 되고, 슬로우 향수를 뿌리면 느리게 행동하게 되는 도구였습니다.

도라에몽이 미래 도구로 자신의 문제를 해결해 줄 것이라는 생각에 신이 난 진구. 진구는 다음에 향수를 뿌려보겠다며 이제 밖에 놀러 나가자고 합니다. 게으름을 해결하는 일까지 미뤄버리려는 진구의 모습에 화가 난 도라에몽은 밖으로 나가려는 진구를 붙잡고 당장 사용해 보라고 말하죠. 하지만 미래 도구를 사용해 보기가 두려운 겁 많은 진구는 도라에몽에게 향수를 먼저 뿌려보라고 설득합니다. 도라에몽이 써보고 효과가 좋다면 그때 자기가 써보겠다고요.

도라에몽은 어쩔 수 없이 진구 대신 향수를 사용해 봅니다. 그러자 온몸에 연기가 나며 퀵 에너지가 폭발하죠. 퀵 향수를 뿌린 도라에몽은 이제 모든 것을 빠르게 해결하고자 합니다. 진구에게 하지 못했던 쓴소리들을 빠르게 쏟는 것은 물론이고, 당장 진구를 책상에 앉히며 5초 안에 숙제를 끝내라고 말합니다. 진구가 너무 느리다며 방 안을 방방 뛰어다니는 도라에몽. 당황한 진구는 이슬이에게 숙제에 관해 물어볼 것이 있다는 핑계로 도라에몽에게서 도망쳐 집 밖으로 나옵니다.

sentence 029

悩む時間に一つでも多くしてみて。

고민하는 시간에 하나라도 더 해 봐.

sentence 030

いくら勉強ができないとしても

いくら力が弱くても

どこかにあなたの宝石があるだろう。

その宝石を整えて、キラキラと輝いてみて。

아무리 공부를 못한다고 하더라도

아무리 힘이 약하더라도

어딘가에 너의 보석이 있을 거야.

그 보석을 다듬고 다듬어서, 반짝반짝하게 빛내봐.

sentence 031

あ、それがある！

気分香水クイック、気分香水スロー！

君も見た目のようにクイックとスローがあるんだけど、

クイックがあると気分と行動が速くなるし、スローはその逆だよ！

さあ、これを書いて宿題をするんだ！

아, 그게 있지!

기분 향수 퀵, 기분 향수 슬로우!

너도 보다시피 퀵이랑 슬로우가 있는데,

퀵을 뿌리면 기분이랑 행동이 빨라지고, 슬로우는 그 반대지!

자, 이걸 써서 숙제하는 거야!

도라에몽은 모든 면에서 빨랐죠. 집 밖으로 도망쳐 나온 진구를 단숨에 따라잡아 초고속으로 진구를 이슬이네 집으로 데려갑니다. 모든 것을 너무 빠르게 하는 도라에몽은 신발도 벗지 않고 이슬이네 집으로 들어가고, 끓지도 않은 주전자 물로 차를 마십니다. 게다가 이슬이네 엄마가 주신 간식 고구마를 먹고는 바로 방귀를 뀌었죠.

도라에몽의 초고속 행동들에 당황한 진구는 도라에몽에게 자신이 잘못했다며 당장 숙제를 할 테니, 슬로우 향수를 써서 원래 상태로 돌아와달라고 부탁합니다.

진구의 사과와 부탁에 고개를 끄덕이는 도라에몽은 알겠다며 향수를 꺼내 다시 뿌려봅니다. 향수를 뿌린 뒤 향수병을 확인해 보는 도라에몽은 큰일 났다며 난리법석을 피우는데요. 바로 도라에몽이 방금 뿌린 향수가 퀵 향수였기 때문이었습니다.

결국 이번에는 주체하지 못할 정도로 속도가 더 빨라진 도라에몽. 진구가 도라에몽에게 슬로우 향수를 쥐여주려 하지만, 도라에몽의 움직임이 너무 빨라져 도라에몽에게 향수를 전해줄 수가 없었습니다.

당황하기는 도라에몽도 마찬가지였습니다. 도라에몽은 제발 멈춰달라며 울었지만, 고삐가 풀린 망아지처럼 계속 달려 나갔습니다. 진구는 어떻게 하면 도라에몽을 도울 수 있을까 고민합니다. 그러고는 한 가지 해결책을 생각해 내죠. 바로 도라에몽을 따라가기 위해, 자신도 퀵 향수를 뿌리는 것입니다.

진구가 향수를 뿌리려는 찰나, 마을을 계속 빠르게 뛰어다니던 도라에몽이 지나갑니다. 그리고 진구는 도라에몽에 한눈을 팔다 실수로 퀵 향수가 아닌 슬로우 향수를 뿌려버리고 말죠. 슬로우 향수를 뿌린 진구의 모든 것이 느려집니다. 행동들뿐만 아니라 말과 생각도 전부 느려졌죠.

sentence 032

自信を持って。私は世界最高だって。

자신감을 가져. 나는 세계 최고라고.

sentence 033

未来は一瞬一瞬変わるから先に悩むより

今を一生懸命生きればきっといいことがあるはずだ。

미래는 순간순간 달라지니까 먼저 고민하는 것보다

지금을 열심히 살면 분명 좋은 일이 있을 거야.

sentence 034

私はね、こんなにぼんやり君の顔を見ただけでも

何とも言えない安らかな夢を見ているような気分だよ。

나는 말이야, 이렇게 넋 놓고 네 얼굴을 보기만 해도

뭐라 말할 수 없는 편안한 꿈을 꾸는 듯한 기분이야.

sentence 035

君の未来がバラ色なのか、暗黒天地なのかはすべて君次第だよ。

너의 미래가 장밋빛일지, 암흑천지일지는 모두 너에게 달린 거야.

진구가 달팽이만큼 느린 속도로 걸어 집에 겨우 도착합니다. 진구의 부모님은 이상하리만큼 느리게 행동하는 진구에게 이것저것 묻지만, 진구는 너무 느려서 대답할 수 없죠. 바로 그때, 진구의 부모님이 진구가 가지고 있던 도라에몽의 미래 도구를 발견합니다. 그리고 너무 느린 진구가 말릴 새도 없이 부모님도 향수를 뿌리죠.

도라에몽은 주체할 수 없이 빠른 속도에 계속 동네를 돌다 결국 집으로 돌아옵니다. 집으로 돌아온 도라에몽을 맞이한 것은 마찬가지로 주체할 수 없이 빠르게 돌아다니는 진구의 부모님과 엄청나게 느린 진구였습니다. 진구는 정신없이 뛰어다니는 도라에몽과 부모님을 뒤로하고, 책상에 앉아 너무 시끄러워 숙제를 못 하겠다고 느리게 말하며 화를 냅니다.

sentence 036

君はあと何回も倒れるよ。

しかし、あなたはその度に立ち上がる力も持っている。

너는 앞으로 몇 번이나 넘어질 거야.

하지만 너는 그때마다 일어서는 힘도 가지고 있어.

sentence 037

少しは寂しくなっても思い出が私たちを暖かくしてくれるよ。

조금은 외로워져도 추억이 우릴 따뜻하게 해 줄 거야.

sentence 038

過ぎ去ったことに後悔しても、無駄じゃない、

目がどうして前にかかっていると思う？

肯定的に進むために。

지나간 일에 후회해도, 소용없잖아,

눈이 어째서 앞에 달려있다고 생각해?

긍정적으로 나아가기 위해서야.

2002년 〈타임〉지에서는 도라에몽을 두고 “아시아에서 가장 껴안아 주고 싶은 영웅”이라는 찬사를 남겼습니다. 『도라에몽』은 작가 후지코 F. 후지오의 연재작으로, 일본의 국민 만화가 되어 출판 및 다양한 애니메이션 미디어로 산업화한 엄청난 작품이기도 합니다. 잘하는 것도 없고 게으르고 겁 많은 진구가 미래에서 온 로봇, 도라에몽을 만나며 깨닫고 배우는 이야기는 대중의 마음을 사로잡았습니다.

로봇이 일상에 함께하는 모습, 마법 같은 기능을 가진 도라에몽의 미래 도구들은 어린 시청자들의 온 감각을 잔뜩 일깨워주기에 충분했죠. 진구가 고난을 겪을 때면 도라에몽이 마법처럼 멋지고 재미난 일들을 만들어주곤 합니다. 무엇이든 척척 해내는 도라에몽의 모습을 본 관객들은 현실과 환상이 어우러진 모습에 희열을 느끼곤 했습니다.

그리고 이런 도라에몽의 도구들은 인간의 상상력과 기술 발전의 가능성을 상징합니다. 이는 유토피아적 미래를 꿈꾸는 인간의 원초적 욕망을 반영하며, 기술이 우리 삶을 어떻게 변화시킬 수 있는지에 대한 철학적 질문을 건네기도 하죠.

어떤 도구든 꺼내는 도라에몽은 고양이 로봇이라는 특성 때문에 쥐를 무서워하는 반전 매력과 팥빵을 너무나도 좋아하는 귀여운 모습도 있습니다. 그리고 소심하고 눈물이 많은 진구는 도라에몽의 도구를 통해 어려움을 극복하지만 그 과정에서 욕심을 부리면 항상 그에 대한 벌도 받죠. 도라에몽과 진구에게 녹아 있는 인간적인 모습 그리고 과한 욕심이나 보복을 해서는 안 된다는 메시지가 작품을 더 매력적으로 만들었습니다.

어쩌면 대중은 자신에게도 도라에몽같이 도움을 주는 존재가 있었으면 좋겠다고 생각한 걸지도 모르겠습니다. 도라에몽과 함께라면 어떤 어려움도 해결해 나갈 수 있다고 생각하는 진구는 부러움의 대상입니다. 동시에 도라에몽과 함께 진구가 어떤 어른으로 자라날지 기대되기도 하죠.

우리는 언제나 누군가와 함께 살아갑니다. 매 순간 나와 함께하는 인연들이 있죠. 그들과 함께 우리는 오늘을 만들고 내일을 그려가고 과거를 기억합니다. 오늘 당신의 삶을 함께 해준 존재들을 그려보세요. 내일은 누구와 함께 밖에 나가 놀아볼지도 기대해 보면 좋겠습니다.

아이의 기억

도라에몽이 꺼내주는 미래 도구를 가지고 싶었던 옛 생각이 납니다. 하지만 이제는 도라에몽의 물건보다 도라에몽처럼 나를 지지해 주는 친구가 더 소중한 것 같습니다. 여러분도 그런 친구가 있다면 감사의 말을 전해 보세요.

#단짝 #의지 #지지

도라에몽의
주제가를 감상해 보세요.

PART 2. 지지 않고 빛나는 영원한 사랑

어른이 되면서 영원한 것이 없다는 걸 알지만, 사랑하는 마음만큼은 영원하길 바랍니다. 그러나 그런 생각을 입 밖으로 꺼내면 환상 속에 갇혀 있는 어른으로 여겨질까 봐 누구에게 말할 수도 없죠.

많은 것이 현실에 지워지는 동안 바래지 않은, 순수한 사랑에 대한 마음을 애니메이션 속에서는 마음껏 느낄 수 있습니다. 세상에 존재하는, 혹은 상상 속에 살아 숨쉬는 여러 모양의 사랑들을 볼 수 있습니다. 혼자 꿈꾸곤 했던 여러분만의 사랑도 다시 한번 떠올려보세요.

2-1 사랑에도 각자의 모양이 있을 거야

벼랑 위의 포뇨 - 미야자키 하야오

깊은 바닷속 사람의 얼굴을 한 물고기, 인면어들이 있습니다. 그중에 주인공 포뇨가 있었습니다. 호기심 많은 물고기 소녀 포뇨는 아빠 몰래 오랫동안 동경해온 육지로 올라가기로 마음 먹죠. 따분한 바다 생활에 싫증을 느끼고 아빠와 동생들과 함께 살던 집을 떠나 가출합니다. 포뇨는 해파리에 몸을 숨겨 수면 위로 올라옵니다.

물 밖으로 고개를 내민 포뇨. 하지만 곧 그물에 휩쓸려 작은 유리병에 갇히고 맙니다. 기절한 포뇨에게 인간의 손길이 다가옵니다. 마침 바닷가에 놀러 온 인간 소년 소스케의 손이었습니다.

소스케는 유리병을 깨 포뇨를 구해줍니다. 포뇨는 소스케의 도움으로 유리병에서 탈출하지만 여전히 의식이 없습니다. 소스케는 초록색 통을 가져와 바닷물을 담고 포뇨를 넣습니다. 그러자 포뇨는 눈을 뜨고 움직이기 시작합니다. 그렇게 포뇨와 소스케의 인연이 시작되었습니다.

초록색 통에 포뇨를 담아 집으로 돌아온 소스케. 소스케는 곧바로 엄마의 차를 타고 유치원으로 출발합니다. 포뇨를 본 소스케의 엄마는 인면어를 반가워하죠. 샌드위치를 먹으며 유치원으로 향하는 소스케의 무릎에는 초록색 통에 담긴 포뇨가 함께하게 되었습니다. 소스케는 포뇨에게 샌드위치 속 햄을 조금 떼어줬지만, 식성이 좋은 포뇨는 샌드위치 속 햄을 통째로 물어와 먹어버리기도 합니다. 포뇨에게 이름을 지어주고, 말을 걸다 보니 소스케는 금방 유치원에 도착하죠.

sentence 039

心配しなくてもいいよ。

私が守ってあげるから。

걱정하지 않아도 돼.

내가 지켜줄 테니까.

そうすけ！

소스케!

ポニョ！

포뇨!

ポニョ、そうすけ好き！

포뇨, 소스케 좋아!

私も好き！

나도 좋아!

sentence 040

ポニョって言うんだ。

ポニョはハムが好きで、魔法も使える。

ポニョが舐めてくれてここにあった傷もすぐ治っちゃったよ！

포뇨라고 해.

포뇨는 햄을 좋아하고, 마법도 쓸 수 있어.

포뇨가 핥아주어서 여기 있던 상처도 금방 나아버린걸!

하지만 유치원에서는 포뇨를 숨겨두어야 했습니다. 소스케는 유치원에 도착하자마자 뒤쪽 덤불에 초록색 통과 포뇨를 숨겨 둡니다. 소스케는 포뇨가 신경 쓰여 다른 친구들과 놀 수가 없었습니다. 시간이 날 때마다 포뇨를 확인하러 가야 했거든요.

그러다 결국 같은 반 친구 쿠미코에게 포뇨의 존재를 들켜버리기도 합니다. 소스케는 쿠미코에게 포뇨를, 포뇨에게 쿠미코를 소개합니다. 하지만 쿠미코와 포뇨는 서로를 질투하는 눈치입니다.

유치원 바로 옆에는 소스케의 엄마가 일하고 있는 요양원이 있습니다. 소스케는 포뇨를 데리고 요양원으로 향합니다. 요양원에 있는 할머니들에게 포뇨를 보여주기 위해서죠. 하지만 토키라는 할머니는 포뇨를 반기지 않습니다. 토키 할머니는 인면어가 땅으로 올라오면 해일이 온다는 미신을 믿고 있었기 때문입니다. 그러자 포뇨는 할머니에게 물을 뿜어버립니다.

sentence 041

私にもその子を見せてくれる？

나에게도 그 아이를 보여줄래?

いいですよ、トーキーおばあちゃん。

좋아요, 토키 할머니.

うぅ、あっち片付けて。

人面魚じゃん！ 早く海に帰せ。

人面魚が海辺に上がってくると津波が来るんだよ。

昔からそう伝わったよ。

으으, 저리 치워.

인면어잖아! 빨리 바다로 돌려보내.

인면어가 해변으로 올라오면 해일이 오는 거야.

옛날부터 그렇게 전해졌어.

sentence 042

ポニョが魚のポニョであれ、人魚のポニョであれ、人のポニョであれ関係ない。

私はどんなポニョでもいい。

포뇨가 물고기든, 인어든, 사람이든 상관없어.
나는 어떤 포뇨든 다 좋아.

포뇨와 소스케는 많은 시간을 함께하며 점점 더 가까워집니다. 포뇨는 이제 소스케의 이름도 부를 수 있게 되고, 간단한 말도 할 수 있게 되죠. 포뇨는 솔직하고 가감 없이 소스케에게 애정을 표현합니다. 그런 모습에 소스케도 포뇨를 더욱 특별히 여기고 애정을 느끼죠.

하지만 행복한 시간도 잠시, 포뇨의 아빠가 가출한 포뇨를 찾으러 육지로 올라옵니다. 포뇨 아빠의 이름은 후지모토로 인간의 모습을 포기하고 바다의 주인이 되었기에 마법을 부릴 수 있었습니다.

결국 포뇨는 아빠의 마법으로 바다로 돌아갑니다. 소스케는 포뇨의 빈자리를 크게 느끼죠. 소스케는 그동안 몰랐던 외로움이라는 감정을 느꼈고, 포뇨를 처음 만났던 바닷가를 하염없이 바라보았습니다.

그러던 어느 날 밤, 소스케가 망원경으로 바닷가를 유심히 살펴봅니다. 이번에는 포뇨를 찾는 것이 아니었습니다. 소스케의 아빠는 큰 배의 선장이었고, 소스케는 아빠가 탄 배를 찾아 불빛으로 아빠에게 모스부호를 보냅니다.

한편 아빠에 의해 집으로 돌아온 포뇨. 포뇨는 아빠에게 반항합니다. 아빠가 주는 음식을 거부하고, 소스케가 보고 싶다며 인간 세상으로 돌아가겠다고 말하죠. 포뇨는 소스케와 같은 인간이 되겠다고 소리치기도 합니다.

그러자 갑자기 포뇨에게 신비한 일이 일어납니다. 바로 인면어였던 포뇨에게 오리발 같은 손과 발이 생긴 것입니다. 사실 소스케가 유리병에서 포뇨를 구해 줄 때 소스케의 손에는 작은 상처와 함께 피가 났는데요. 바로 그 순간 포뇨가 소스케의 피를 핥아 먹었기 때문에 포뇨에게 인간과 비슷한 모양의 팔다리가 생겨난 것입니다.

놀란 포뇨의 아빠는 마법으로 포뇨의 팔다리를 없애버립니다. 하지만 호기심 많고 당찬 포뇨는 아빠에게 절대 지지 않습니다. 아빠가 잠시 자리를 비운 사이, 포뇨는 팔과 다리를 다시 만들었습니다. 그리고 아빠의 마법약을 몰래 먹어 완전한 인간의 모습으로 변신하죠.

언니의 모습에 감명받은 인면어 동생들은 포뇨가 물 밖으로 나갈 수 있도록 도와줍니다. 수많은 인면어가 마법처럼 파도로 변하고, 포뇨는 동생들이 만들어 준 파도를 타고 육지로 올라갑니다.

sentence 043

ここにバケツを置いておけば、ポニョが戻ってきたときにここが私の家だとわかるよ。

여기에 양동이를 놓아두면 포뇨가 다시 돌아왔을 때
여기가 우리집인 걸 알 거야.

そうだね、そうすけが望むならそうしなさい。

그래, 소스케 네가 원하면 그렇게 하렴.

sentence 044

手が出た！ 足が出た！

손이 나왔어! 다리가 나왔어!

お前まさか人間の血をなめたんじゃないよね、ポニョ？

너 설마 인간의 피를 핥은 것은 아니지, 포뇨?

ポニョ、そうすけのところに行くよ！

포뇨, 소스케한테 갈 거야!

sentence 045

ポニョ、そうすけが好き。

ポニョ、人間になるよ。

포뇨, 소스케가 좋아.

포뇨, 인간이 될 거야.

人間になるって？

そんな愚かで忌まわしい生物がどこが好きだと。

인간이 되겠다고?

그런 어리석고 꺼림칙한 생물이 어디가 좋다고.

sentence 046

あ、ポニョがいつまでも幼くて無垢だったらいいのに……

私の力でこの子を押すのも一瞬に過ぎない。

아, 포뇨가 언제까지나 어리고 순수하면 좋을 것을…….

내 힘으로 이 아이를 누르는 것도 한순간일 뿐이야.

하지만 인면어들이 만들어낸 파도는 너무 강력해서 소스케의 동네에 큰 태풍이 일었습니다. 밀려오는 파도에 소스케와 소스케의 엄마는 차의 속도를 높여 집으로 도망갑니다.

소스케가 차에서 내리는 순간, 인간의 모습을 한 포뇨가 소스케에게 무작정 뛰어듭니다. 엄청난 속도와 힘으로 소스케를 끌어안는 포뇨. 소스케는 인간의 모습을 한 포뇨를 바로 알아보고, 그렇게 포뇨와 소스케는 다시 만납니다.

여전히 계속되는 태풍. 포뇨는 소스케의 집에서 라면도 먹고 따뜻한 차도 마시며 휴식을 취합니다. 한편, 소스케의 엄마는 요양원에 남아있는 할머니들이 걱정되어 간밤에 집을 나서죠. 캄캄한 밤에 바다의 여신 포뇨의 엄마도 등장합니다. 포뇨의 엄마는 딸 걱정뿐인 남편에게 차분히 이야기합니다. 포뇨가 원하는 대로 인간이 되게 해 주자고요.

다음 날 아침, 언덕 위 소스케의 집까지 물이 가득 찼습니다. 소스케의 엄마는 집으로 돌아오지 못했습니다. 그러자 엄마가 걱정된 소스케는 포뇨와 함께 엄마를 찾으러 길을 나섭니다.

포뇨의 마법으로 둘은 장난감 배를 커다랗게 만들어 모험을 시작합니다. 포뇨와 소스케는 요양원으로 향하며 다양한 사람을 만납니다. 갓난아기를 데리고 있는 부부를 만나 도와주기도 하고, 홍수에 배로 대피한 마을 주민들도 만나게 됩니다.

sentence 047

我が家は嵐の中の灯台だよ。
暗闇の中にいる人たちが我が家の明かりで勇気を得ている。
だから、私が誰かを守らなければならない。
우리 집은 폭풍 속의 등대야.
어둠 속에 있는 사람들이 우리 집 불빛으로 용기를 얻고 있어.
그러니까, 내가 누군가를 지켜야만 해.

sentence 048

君は心配しないで。私が守ってあげる。
넌 걱정할 필요 없어. 내가 지켜줄게.

드디어 엄마가 일하는 요양원에 도착한 포뇨와 소스케. 소스케는 애타게 엄마를 찾습니다. 소스케의 걱정에도 불구하고 엄마와 요양원 할머니들은 무사했습니다. 포뇨의 엄마가 요양원에 투명하고 아름다운 마법의 보호막을 쳐두었기 때문이죠. 마법의 보호막 안에서 할머니들은 건강하게 달리고 힘차게 웃었습니다. 보호막 안으로 들어온 소스케는 엄마를 만나게 되어 무척 기뻐합니다.

하지만 기쁨도 잠시, 포뇨의 아빠가 소스케로부터 포뇨를 데려가려고 합니다. 하지만 곧이어 포뇨의 엄마가 나타나고, 소스케에게 포뇨를 진심으로 좋아하냐고 묻습니다. 그 물음에 소스케는 오래오래 포뇨를 좋아하겠다고 다짐하죠.

그러자 포뇨의 엄마는 소스케에게 포뇨가 인간이 될 수 있는 방법을 알려줍니다. 지상에 올라가 포뇨가 담긴 물방울에 키스를 하면, 포뇨가 인간으로 변할 것이라고요. 포뇨와 소스케의 사랑에 모두가 축하를 보냅니다.

당돌한 포뇨는 소스케가 먼저 키스하기까지 참지 않습니다. 소스케가 잠시 한눈을 판 사이, 포뇨는 물속에서 뛰어올라 소스케에게 키스합니다. 그러자 공중에 날아오른 포뇨는 바로 인간의 모습으로 변해 소스케를 마주합니다.

sentence 049

そうすけ、ポニョは人間になりたくて魔法のふたを開けました。
人間になるためには、ポニョの本当の姿を知りながら好きでいてくれる男の子がいなければなりません。
あなたはポニョが魚だったことを知っていますか?
소스케, 포뇨는 인간이 되고 싶어서 마법의 뚜껑을 열었어요.
인간이 되려면, 포뇨의 진짜 모습을 알면서도 좋아해 주는 남자아이가 있어야 해요.
당신은 포뇨가 물고기였다는 것을 알고 있나요?

sentence 050

地上に戻ったらこのしずくにキスしてください。
そうすればポニョはあなたと同じ5歳の女の子になります。
지상으로 돌아가면 이 물방울에 키스해 주세요.
그러면 포뇨는 당신과 똑같은 5살짜리 여자아이가 될 거예요.

ポニョ、本当によかった! どうも。ポニョママ。
포뇨, 정말 잘됐다! 고맙습니다. 포뇨 엄마.

『벼랑 위의 포뇨』는 스튜디오 지브리의 작품입니다. 미야자키 하야오 감독이 모든 부분에 참여한 작품이기도 하죠. 특히 아기 물고기 포뇨의 이름을 부르는 OST는 경쾌하고 따라부르기 쉬워 어린 관객들에게 많이 알려졌습니다.

재미있는 사실은, 포뇨가 한스 크리스티안 안데르센의 동화 『인어공주』와 나쓰메 소세키의 『문』에서 영감을 받아 창작된 작품이라는 점입니다. 『이웃집 토토로』에 연이어 공개된 『벼랑 위의 포뇨』는 감독에게 부담되기도 했지만, 토토로를 뛰어넘는 매력적인 캐릭터를 만들기 위해 여러 작품에서 모티프를 얻는 등, 공을 많이 들였다고 합니다.

이 작품이 더욱 특별한 이유는 일본의 전설이 가미되었다는 점에 있습니다. 『벼랑 위의 포뇨』 오프닝 노래인 〈바다의 엄마〉에서는 인간과 물고기가 예전에는 형제자매였다고 말합니다. 인간과 물고기 사이의 연결을 이야기하죠. 곧 인면어인 포뇨에 관한 이야기입니다.

『벼랑 위의 포뇨』에는 오래전부터 일본에서 전해져 내려온 인면어와 쓰나미 사이의 전설이 얽혀있습니다. 인면어가 인간 세상에 쓰나미를 몰고 온다는 이야기죠. 이러한 의미에서 해당 작품은 쓰나미를 크게 경계하고 조심스러워하는 일본인의 마음이

깃든 작품으로 볼 수도 있습니다.

또한 쓰나미라는 자연재해에 더해 바다의 쓰레기도 영화에서 주목해 보아야 할 문제입니다. 소스케가 포뇨를 처음 발견했을 때 포뇨는 유리병에 갇혀 있었죠. 수면 위에 올라왔다가 쓰레기로 가득 찬 그물에 휩쓸렸기 때문입니다. 유리병에 갇힌 포뇨가 파도에 휩쓸려 육지에 도달했을 때도 육지에는 파도에 밀려온 쓰레기가 가득합니다. 이렇듯 작품 속에는 자연재해와 환경, 즉 지구에 대한 메시지가 담겨있습니다.

『벼랑 위의 포뇨』에는 순수한 사랑 이야기도 등장합니다. 어린 포뇨가 소스케를 만나 사랑에 빠집니다. 포뇨는 소스케를 사랑하는 마음에 사람이 되기로 결심하고, 그런 포뇨를 특별히 아낍니다.

소스케와 포뇨의 관계는 무조건적인 사랑과 헌신을 보여줍니다. 소스케는 포뇨를 보호하고 돌보며, 포뇨는 소스케를 믿고 따르죠. 이들의 순수한 사랑은 인간관계에서 중요한 덕목인 신뢰와 헌신을 강조합니다. 이는 아리스토텔레스의 '니코마코스 윤리학'에서 말하는 우정과 사랑의 덕목과도 연결됩니다. 사랑은 상호 이해와 헌신을 통해 완성되니까요.

특히 주목할 부분은 포뇨의 당돌함입니다. 포뇨는 자신의 마음을 따르는 인물입니다. 자신이 원하는 것을 이루기 위해서 적극적으로 행동하고 표현하죠. 육지에 대한 궁금증으로 가족들 품을 용기 있게 떠나기도 하고, 소스케를 향한 애정을 솔직하게 이야기하며, 좋아하는 것과 싫어하는 것에 관해 정확하게 의견을 표시합니다. 그런 포뇨의 당당하고 막힘없는 태도는 보는 사람들을 미소 짓게 만들죠.

하지만 포뇨처럼 솔직해지는 것은 쉽지 않습니다. 나를 타인에게 드러낸다는 것은 많은 용기를 필요로 하죠. 그럴 때 포뇨의 순수한 당돌함을 떠올려 보세요. 포뇨의 행동에서 용기를 얻을 수 있을 것입니다. 여러분도 포뇨처럼, 이루고 싶은 것들은 모두 이룰 수 있기를 바랍니다.

아이의 기억

당돌한 포뇨는 적극적으로 소스케에게 사랑을 표현합니다.
여러분도 순수하고 솔직하게 애정을 표현한 적이 있다면 적어보세요.

#사랑 #극복 #소망

벼랑 위의 포뇨의
주제가를 감상해 보세요.

2-2 내 안의 너를 찾아가는 아름다운 여정

너의 이름은. - 신카이 마코토

미츠하는 깊은 산속 시골, 이토모리라는 마을에 사는 고등학생 소녀입니다. 미츠하는 무녀 가문의 첫째 딸로 가문의 풍습에 맞춘 일상을 보냅니다. 실을 짓거나 입안에서 쌀을 발효해 술을 빚는 등의 전통을 이어가죠.

미츠하의 엄마는 일찍 돌아가셨습니다. 아버지는 미츠하와 여동생은 뒷전으로 하고 마을 촌장이 되기 위한 선거에 몰두합니다. 자신에게 소홀한 아버지, 무녀가 되어야만 하는 상황은 미츠하를 힘들게 합니다.

아버지는 결국 촌장이 되고, 미츠하는 무녀 집안의 첫째 딸이라는 타이틀을 벗어날 수 없습니다. 미츠하는 답답한 마음에 다시 태어날 수 있다면 자유로운 도시의 잘생긴 남자로 태어나고 싶다고 소리지르죠. 우연의 일치인지, 그 말을 뱉은 후부터 미츠하는 종종 다른 사람의 삶을 사는 것 같은 꿈을 꿉니다. 하지만 잠에서 깨고 나면 꿈속의 기억은 모두 사라져 버리죠.

한편, 도쿄에 살고 있던 고등학생 소년 타키 역시 시골 마을의 소녀가 되는 꿈을 꾸곤 합니다. 미츠하처럼 잠에서 깨면 그 꿈의 기억을 다 잊지만요.

타키의 부모님은 이혼하셨고, 타키는 아버지와 함께 살고 있습니다. 타키는 예술적인 성향이 강해 건축, 그림 그리고 요리까지 관심이 많습니다.

둘은 다른 사람의 삶을 사는 것 같은 꿈이 반복되자, 이 상황이 단지 꿈에 그치는 일이 아니라는 것을 깨닫습니다. 미츠하와 타키는 실제로 몸이 바뀌고 있었습니다. 미츠하와 타키는 동갑내기 친구이며, 불규칙적으로 일주일에 서너 번 몸이 바뀌었습니다.

sentence 051

朝に目を覚めたら、なんだか知らないうちに泣いていた。

そのような日が多くある。

夢を長くしても毎回覚えていないが飛ぶ。

아침에 눈을 뜨면 왠지 모르게 울고 있다.

그런 일이 종종 있다.

긴 꿈을 꿔도 매번 기억하지 못하고 날아가 버린다.

sentence 052

何か消えてしまったんの印象だけが 眠りから覚めた後も長く残る。

続けて何かを 誰かを探している。

단지 뭔가 사라져 버렸다는 느낌만이 잠에서 깬 뒤에도

오래도록 남는다.

계속해서 무언가를 누군가를 찾고 있다.

sentence 053

大事な人、忘れたくない人、忘れちゃいけない人……！

誰なんだ……？名前は……？

소중한 사람, 잊고 싶지 않은 사람, 잊어서는 안 되는 사람……!

누구지……? 이름은…?

몸이 바뀐 후로 각자의 원래 생활을 건너뛰곤 했기에 둘은 방법을 찾아야 했습니다. 결국 미츠하와 타키는 몸이 바뀐 후의 일상을 메모로 남기기로 했습니다. 다음 날 몸의 주인이 그 메모를 읽고 어제 하루를 가늠할 수 있도록요. 조용하고 얌전하던 미츠하가 타키의 몸에 들어가면 다정하고 과묵한 소년이 되었고, 털털하고 불같은 성격의 타키가 미츠하의 몸에 들어가면 터프한 소녀가 되었습니다.

미츠하는 타키가 일하던 레스토랑 직원 누나에게 데이트 신청도 대신 해 주고, 타키의 친구들을 만나 타키가 모아둔 돈으로 맛있는 디저트를 먹는 등 즐거운 도쿄 생활을 즐깁니다.

마찬가지로 타키도 미츠하의 친구들을 만나게 되고, 뛰어난 요리 실력을 발휘해 미츠하의 지인들을 놀라게 하죠. 한번은 농구에서 멋진 실력을 발휘해 남녀 모두에게 고백을 받기도 하는 등 인기를 누립니다.

어느 날 미츠하의 몸에 들어간 타키는 미츠하의 할머니로부터 "무스비"에 관해 듣게 됩니다. 무스비는 시간 그 자체였습니다. 미츠하가 가족들과 함께 짓던 실도 무스비였고, 미츠하가 입안에서 씹어 발효시킨 술도 무스비였고, 사람과 사람을 이어주는 것도 무스비였으며, 결국 시간이 흐르는 것도 무스비였습니다.

신의 힘을 가진 무스비는 시간의 흐름을 모아 어떤 형태를 만드는데, 그것이 때로는 뒤틀리고 얽히다가도 돌아오고, 멈춰도 언젠가는 다시 이어진다고 할머니는 말씀하셨습니다.

sentence 054

これ!これ多分！

이거! 이거 어쩌면!

これ、もしかすると本当に……

이거, 어쩌면 정말로…….

夢の中でその男の子と

꿈속에서 그 남자애랑

夢の中でその女の子と

꿈속에서 그 여자애하고

入れ替わってる?

서로 뒤바뀐 거야?

sentence 055

糸の声を聞いてごらん。

糸を続けて巻いていると、

いつの間にか人と糸の間に感情が流れるようになる。

실의 목소리를 들어 보렴.

실을 계속 감다 보면,

어느샌가 사람과 실 사이에 감정이 흐르게 된단다.

sentence 056

糸を結ぶことも結び人を続けることも結び,

時間が流れることも結び、すべて神の領域だ。

私達が作る結び紐も神の能力、時間の流れを形象化しているのだから。

集まって形を作って、絡まって。

時には戻ってきて、切れて、また続いて。

それが結びつまり時間だ。

실을 잇는 것도 무스비, 사람을 잇는 것도 무스비,

시간이 흐르는 것도 무스비, 모두 신의 영역이야.

우리가 만드는 매듭끈도 신의 능력.

시간의 흐름을 형상화한 거란다.

한데 모여들어 형태를 만들고 꼬이고 엉키고, 때로는 돌아오고,

끊어지고 다시 이어지고.

그것이 무스비. 즉, 시간인 게야.

시간이 흐르고, 미츠하와 타키는 바뀐 몸도 잘 적응합니다. 그러다가 미츠하가 타키의 몸일 때 신청했던 레스토랑 누나와의 데이트 날이 다가왔습니다. 데이트 당일, 본인의 몸으로 돌아온 미츠하는 갑자기 눈물을 흘리죠. 미츠하는 그때 자신이 타키를 좋아하는 걸지도 모른다는 것을 깨닫습니다. 그렇게 미츠하는 타키를 만나기 위해 학교도 가지 않고 도쿄로 향합니다. 처음으로 혼자 가보는 도쿄였습니다.

미츠하는 타키를 만나게 됩니다. 하지만 이상하게도 타키는

미츠하를 전혀 알아보지 못하죠. 그것은 사실 미츠하와 타키가 다른 시간대의 사람이었기 때문입니다. 미츠하는 타키의 인생에 있어 과거의 사람이었습니다. 타키는 3년이라는 시간이 지나야 비로소 미츠하를 만날 수 있었죠. 그들은 얽힌 시간 속에서 마주했던 것이었습니다.

자신을 알아보지 못하는 타키에게 상심한 미츠하는 떠나려고 하고, 이에 타키는 다급하게 미츠하에게 이름을 묻습니다. 그러자 미츠하는 자신이 항상 지니던 머리끈을 타키에게 건네주며 이름을 알려줍니다.

그렇게 두 사람은 짧은 만남을 가지고, 타키는 이날 이후로 미츠하가 건네준 머리끈을 손목에 팔찌처럼 차고 다닙니다. 하지만 미츠하와 마주쳤던 모든 기억은 사라져, 머리끈을 가지게 된 영문조차 모르게 되죠.

한편 미츠하는 집으로 돌아와 축제가 한창인 시내로 향합니다. 하지만 바로 그때, 미츠하가 살고 있는 마을에 혜성이 떨어집니다. 그리고 마을은 원래 존재하지 않았던 것처럼 송두리째 사라져 호수가 됩니다.

더 이상 몸이 바뀌지 않자 이상함을 느낀 타키는 미츠하가 남겨둔 단서로 그녀를 찾아나섭니다. 하지만 미츠하의 마을은 호수로 변한 뒤였습니다. 3년 전, 혜성의 파편 조각이 미츠하의 마을을 직격해 사람들은 모두 죽고, 마을이 거대한 호수가 된 것이었죠.

이 사실을 알게 된 타키는 미츠하를 다시 한번 만나기 위해 미츠하의 할머니가 해 주셨던 이야기를 떠올립니다. 그리고 미츠하 가문의 신사를 찾아가 미츠하가 입으로 씹어 빚은 술을 마시죠. 그러자 타키는 다시 미츠하의 몸으로 들어가게 됩니다.

sentence 057

きっと何を勘違いしたんだ。この子は3年前に死んだんだって。

분명 뭘 착각한 거야. 얘는 3년 전에 죽었다잖아.

2、3週前に私にきっと彗星を見ると言いました。

2, 3주 전에 나한테 분명 혜성을 볼 거라고 했어요.

としたら! あなたは今……

그렇다면! 너는 지금…….

私は夢を見ているんだ！

나는 꿈을 꾸고 있구나!

sentence 058

あの日、星が降った日それはまるで夢の景色のように、

ただひたすらに美しい眺めだった。

그날 별이 내리던 날 그것은 마치 꿈의 경치처럼,

그저 마냥 아름다운 광경이었다.

미래의 재난을 알고 있는 타키는 미츠하의 몸으로 과거로 돌아가 마을을 지켜낼 계획을 세웁니다. 친구들과 힘을 합쳐 마을 주민들을 피난시키는 데 성공한 타키. 마을에는 혜성이 떨어지지만 사람들은 누구도 다치지 않습니다.

모두를 대피시킨 타키는 곧 황혼의 시간을 맞이합니다. 황혼의 시간은 이 세상과 저 세상의 경계가 흐려지는 시간으로, 시간의 흐릿한 경계 속에서 미츠하와 타키는 드디어 서로를 만나게 됩니다.

타키는 미츠하에게 머리끈을 건네주고, 서로의 이름을 잊지 않기 위해 각자의 손에 이름을 적어주려 합니다. 하지만 바로 그 순간 짧고도 신비로운 황혼의 시간은 끝이 나죠. 황혼의 시간이 끝나자 둘은 서로를 잊지 않기 위해 다급하게 상대방의 이름을 부르짖습니다. 하지만 거대한 시간 앞에서 미츠하와 타키는 서로의 이름과 존재를 모두 잊습니다.

그렇게 5년이 지납니다. 미츠하와 타키는 어딘가 공허한 마음으로 살아갑니다. 타키는 성인이 되어 취업 준비를 하고, 미츠하도 도쿄로 상경해 회사에 다닙니다.

그러던 어느 날, 미츠하와 타키는 반대 방향으로 향하던 지하철 창문 너머로 서로를 발견합니다. 서로를 잊어버렸음에도 불구하고 짧은 마주침에 비어있던 마음이 동요했죠. 그들은 동시에 지하철에서 내려 서로를 찾아 뛰어갑니다.

그렇게 한 골목의 계단에서 마주친 미츠하와 타키. 그들은 서로를 스쳐 지나가는 듯하다가, 타키가 미츠하에게 먼저 말을 건넵니다. 당신을 어디선가 본 것 같다면서요. 타키의 말에 미츠하는 울먹이고, 그들은 동시에 이름을 물어보며 왠지 모를 기쁨의 눈물을 흘립니다.

sentence 059

よく聞け! このままでは

今夜、私たちはみんな死ぬ！

잘 들어! 이대로는

오늘 밤에 우리 모두 죽어!

だから私達が動かなければならない！

그러니 우리가 움직여야 해!

sentence 060

私の名前は三葉！

내 이름은 미츠하!

3年前、あなたはその時私に会いに来てたの！

3년 전, 너는 그때 나를 만나러 왔었어!

sentence 061

私はこれを言いたかった。

あなたが世界のどこにいても、私が必ずまた会いに行くと。

あなたの名前は三葉。

이 말을 하고 싶었어.

네가 이 세상 어디에 있건, 내가 꼭 다시 만나러 갈 거라고.

너의 이름은 미츠하.

sentence 062

あなたをどこかで見たことが……

당신을 어디선가 본 적이…….

私も!

나도 그래요!

あなたの名前は?

너의 이름은?

『너의 이름은.』은 신카이 마코토 감독의 장편 애니메이션 영화입니다. 이 작품은 개봉 당시 아름다운 영상뿐만 아니라 탄탄한 스토리로 스튜디오 지브리를 뛰어넘는 작품이 나왔다는 찬사를 받는 등 전 세계에서 큰 화제를 얻었습니다. 2016년에는 영국 BBC의 〈2016년 한해 최고의 영화 10〉에 뽑히기도 하는 등

많은 상과 인기를 휩씁니다.

영상문화 비평가 와타나베 다이스케는 『너의 이름은.』이 일본 애니메이션의 새로운 역사를 써 내려갈 것이라고 평하기도 했습니다. 신카이 마코토 감독은 인터뷰에서 이토모리 마을에 일어난 재난에 대해서 한국의 세월호 참사에 영향을 받았다고 언급하기도 했습니다.

『너의 이름은.』에서 주인공 타키와 미츠하는 서로의 몸이 바뀌는 경험을 통해 자신과 타인을 이해하게 됩니다. 이는 자아 탐색과 정체성의 문제를 다루고 있죠. 특히, 현대 사회에서 개인이 자신의 정체성을 찾고 이해하는 과정은 중요한 주제입니다. 서로 다른 배경과 생활을 가진 두 주인공이 서로를 통해 자신의 삶을 되돌아보고 이해하게 되는 과정은, 인간이 어떻게 자신을 이해하고 정체성을 형성하는지에 대한 탐구로 해석될 수 있습니다.

또한, 시간의 흐름과 인연은 『너의 이름은.』의 중심 테마 중 하나입니다. 타키와 미츠하는 시간과 공간을 초월해 연결되며, 이는 니체의 '영원회귀' 사상이나 불교의 '윤회' 사상을 떠올리게 하죠. 시간의 비선형성, 그리고 과거와 현재, 미래가 얽히는 방식은 운명과 인연의 신비를 강조하며, 인간 존재의 일시성과 영원성에 대한 철학적 질문을 던집니다.

『너의 이름은.』은 제목 끝에 '.'이 붙는 특징이 있습니다. 신카이 마코토 감독은 .이 중요한 역할을 한다고 말했습니다. "너의 이름은"이라고 했을 때 물음표를 붙이면 이름을 묻는 것이 될 거고, 느낌표를 붙이면 너의 이름을 안다는 뜻이 될 수도 있습니다. '……'을 붙이면 이름이 기억나지 않는다는 표현이 되기도 하겠지요.

이렇게 말을 끝맺지 않음으로써 관객들이 상상할 수 있는 여러 가능성을 열어둔 것이 제목 옆 .의 핵심입니다. 제목에서부터 섬세하고 신중한 신카이 마코토 감독만의 특징이 묻어나오는 듯합니다.

이처럼 『너의 이름은.』은 단순한 시각적 즐거움 이상의 감정과 여운을 남기는 애니메이션입니다. 시간의 흐름과 재난 상황, 그 속에서 피어나는 환상적인 사랑 이야기는 우리의 마음에 다양한 감정을 남깁니다. 특히 시간이 만들어낸 인연과 시간이 이어주는 운명은 우리의 만남을 돌이켜 보도록 합니다.

살다 보면 우연이라는 시간적 특성 아래 여러 사람을 만나고 인연을 이어가기도 합니다. 그 속에서 사랑과 행복, 고통과 슬픔 등 다양한 감정을 느끼죠. 『너의 이름은.』을 통해 다시 한번 지나온 운명을 돌아보는 기회를 가져보는 것은 어떨까요?

아이의 기억

운명적으로 마주했던 인연이 있나요?
어떤 사람이었고, 어떤 시간이 여러분을 운명으로 이끌었는지 적어보세요.

#기억 #시간 #운명

너의 이름은.의
주제가를 감상해 보세요.

2-3 겁쟁이 마법사를 깨운 사랑의 힘

하울의 움직이는 성 - 미야자키 하야오

주인공 소피는 아버지가 물려주신 모자 가게에서 일하는 18살 소녀입니다. 소피의 친구들은 파티가 열린다는 소식에 신이 나 한껏 몸을 치장하지만, 소피는 파티에는 관심도 없고 오로지 일에 집중합니다.

파티 준비를 하는 친구들은 예쁜 옷을 입어보며 하울의 이야기를 꺼냅니다. 아랫동네에 사는 여자아이가 하울에게 심장을 먹혔다는 둥, 하울은 예쁜 여자에게만 관심이 있다는 둥 말이죠.

파티에 가지 않는 소피는 여동생을 만나러 외출합니다. 어떤 골목길에 다다르니 군인 두 명이 골목을 막고 소피에게 작업을 겁니다. 이때, 갑자기 잘생긴 한 남자가 나타나 소피를 구해 줍니다.

그렇게 위기를 모면한 소피. 소피를 구해 준 남자는 자기가 누군가에게 쫓기고 있으니 같이 걸어달라고 부탁합니다. 그렇게 검은 괴물에게 쫓기게 되는 남자와 소피. 그들은 하늘을 날기도 하며 괴물들로부터 도망칩니다.

우여곡절 끝에 소피는 여동생 레티가 일하는 가게에 도착합니다. 레티는 아빠가 물려주신 모자 가게에서 일하는 소피를 안타깝게 생각합니다. 레티는 인생은 자신이 스스로 개척해 나가는 것이라고 믿기 때문이었죠. 동생의 걱정에도 불구하고 소피는 아빠의 모자 가게에서 일하며 평범한 삶을 살아가겠다는 고집을 꺾지 않습니다.

그리고 그날 밤, 모자 가게에 돌아온 소피는 이상한 손님을 맞이합니다. 몸집이 크고 까만 옷을 입은 황야의 마녀였습니다. 황야의 마녀는 소피가 오전에 만났던 잘생긴 남자, 즉 하울을 사랑하고 있었죠. 하울과 소피의 만남에 질투가 난 황야의 마녀는 소피를 찾아와 말도 안 되는 이유를 들며 소피에게 저주를 내립니다. 황야의 마녀가 건 저주에 소피는 할머니가 되었죠. 그리고 그 저주는 어떤 사람에게도 말할 수가 없었습니다.

sentence 063

ハウルがうちの村に来たの？

하울이 우리 마을에 온 거야?

下の町のマサという女の子はハウルに心臓を食べられてしまったんだって。

아랫동네 마사라는 여자애는 하울한테 심장을 먹혀버렸대.

こわいねえ。

무서워.

君は大丈夫 可愛い子たちだけを狙うんだって。

넌 괜찮아 예쁜 애들만 노린대.

sentence 064

実は私、追われているんだ。一緒に歩いてくれ。

ごめん 巻き込んじゃって！

실은 나 쫓기고 있거든 같이 좀 걸어 줘.

휘말리게 해서 미안!

こっち! このまま！

足を出して 歩きつづけて そう 怖がらないで。

이쪽! 계속 가!

발을 내밀고 계속 걸어 겁낼 것 없어.

sentence 065

自分のことは、

自分で決めなきゃだめよ。

자기 미래는,

자기가 정하는 거야.

소피는 할머니가 되어버린 모습과 저주에 당황했지만, 마법사인 하울을 만나면 저주가 풀릴 것이라고 생각해 마법사의 계곡으로 향합니다. 언덕을 오르고 또 오르던 중, 소피는 지팡이로 사용하기 위해 돌부리에 박혀있던 나무 막대기를 꺼내다가 우연히 움직이는 허수아비 카브를 만납니다. 카브와 함께하게 된 소피. 소피는 카브의 도움으로 하울의 성을 찾습니다.

하울의 성에 들어간 소피는 마법의 불, 캘시퍼를 만나게 됩니다. 캘시퍼는 사람이 아니었기 때문의 소피가 자신의 저주를 터놓고 이야기할 수 있었죠. 캘시퍼와 이야기를 나누다 소피는 캘시퍼와 하울이 계약 관계라는 사실을 알게 됩니다. 캘시퍼와 하울은 계약을 했고, 계약을 풀 비밀을 알아내기만 하면 캘시퍼가 소피의 저주도 풀어주겠다고 합니다.

곧이어 소피는 하울의 성에 사는 어린 마법사 마르클과 하울을 만납니다. 하울의 성에는 신기한 마법의 출입문이 있었습니다. 마법의 문은 손잡이를 돌릴 때마다 다른 지역의 문으로 바뀌었습니다. 어떤 손잡이를 돌리느냐에 따라 문 바깥세상이 마법사 펜드래곤(하울의 가짜 이름)의 집, 전쟁터, 황야로 바뀝니다.

전쟁터에서 돌아온 하울. 하울은 갑자기 자기 집에 들어온 소피를 보고도 놀라지 않는 모습입니다. 소피는 괜히 부끄러운 마음에 자신이 이곳의 청소부 할머니라고 소개합니다. 그러자 하울은 소피에게 주머니에 든 것이 무엇이냐 물었죠. 황야의 마녀가 소피의 주머니에 저주를 건 메시지를 넣어둔 것이었습니다.

소피가 메시지가 적힌 종이를 꺼내 하울에게 건네자, 종이가 타며 책상에 문양을 그립니다. "유성을 잡은 자여, 마음이 없는 사내여, 너의 심장은 나의 것이다."라는 메시지가 읽힙니다.

sentence 066

おい、大根の頭！ あれハウルの城じゃないの？

家を探してほしいと言ったのに、ハウルの城を探してあげたらどうするの！

ところで、これが城なの？ 本当に変なんだけど？

야, 무대가리! 저건 하울의 성 아냐?

집 찾아 달랬더니 하울의 성을 찾아주면 어떡해!

그런데 이게 성이야? 정말 괴상한데?

sentence 067

あんたがハウル？

네가 하울이니?

ちがうね! オイラは火の悪魔 カルシファーっていうんだ。

아니! 불의 악마 캘시퍼야.

じゃあ カルシファー あんた わたしにかけられ た呪いを解けるの？

그러면 캘시퍼, 너 나에게 걸린 저주를 풀 수 있니?

当たり前だろ。オイラをここに縛りつけている呪いを解いてくれれば。

すぐ あんたの呪いも解いてやるよ。

당연하지. 날 여기 묶어둔 저주만 풀어주면.

바로 할멈의 저주도 풀어주지.

悪魔と取り引きをするってわけね。

악마와 거래를 하자는 거군.

sentence 068

かして。

이리 줘 봐.

うわっ、燃え尽きた！ ハウルさん これ何？

우왓, 다 타버렸잖아! 하울, 이게 뭐죠?

とても昔から続いてきた呪いだよ。

예부터 내려오던 저주야.

荒地の魔女ですか？

황야의 마녀인가요?

「流れ星をつかむ者よ、心臓 のない男よ、

あなたの心臓 は私のものだ。」

“유성을 잡은 자여, 심장이 없는 사내여,

너의 심장은 나의 것이다.”

식사를 마치고 소피는 자신이 청소부라고 소개한 대로 하울의 성을 청소합니다. 일 층을 깨끗이 닦고, 이 층도 청소합니다. 그러다 갖가지 염색약과 마법 약품으로 더러워진 욕조를 발견하는데요. 소피는 그런 화장실까지 아주 깨끗이 청소했죠.

그리고 다음 날, 하울이 소리를 지르며 소피를 찾습니다. 소피가 화장실을 청소하다 하울이 화장실에 걸어둔 마법 주문이 깨진 것인데요. 소피 때문에 하울의 아름답고 길었던 금발이 짧은 주황 머리로 변하자 하울은 화를 냈습니다.

아름답지 않으면 살 의미가 없다며 자괴감에 빠지기 시작하는 하울. 하울이 우울해하며 삶의 의미를 잃자 어둠의 정령들이 하울의 성 안을 감싸고, 하울은 형체가 없는 액체로 녹아 내리기 시작합니다.

이 모습에 답답함을 느끼는 소피. 소피는 외모 때문에 삶을 끝내서는 안 된다며, 자신은 한 번도 예뻤던 적이 없다고 하울에게 되레 화를 내며 오열합니다.

다음날, 하울의 방에 사과하러 방문하는 소피. 하울의 방에는 온갖 마법과 부적이 가득했습니다. 알고 보니 하울은 겁쟁이였죠. 겁이 많아 가짜 이름을 여러 개 가지고 있었고, 황야의 마녀에게서 숨기 위해 온갖 마법과 부적을 방에 장식해 두었습니다.

이러한 상황에서 하울은 국왕이 자신을 찾고 있다는 사실을 알게 됩니다. 나라는 지금 전쟁 중으로, 전쟁을 승리로 이끌기 위해선 마법사 하울의 힘이 필요했기 때문이죠. 하지만 겁쟁이인 하울은 전쟁에 나서기를 꺼립니다.

그러자 방으로 찾아온 소피에게 자신을 대신하여 국왕을 찾아가 달라는 하울. 하울은 소피에게 엄마인 척을 하고, 하울이 겁쟁이라 전쟁에 참여하지 못한다는 말을 전해달라고 합니다.

sentence 069

怪物に変身したら人間では戻れない。

平気だろう 泣くことも忘れるさ。

괴물로 변신하면 인간으로는 못 돌아와.

우는 법도 잊을 테니 상관없잖아.

ハウルも国王に 呼び出されてるんだろう？

국왕님이 네게도 전쟁에 나오랬잖아?

まあね。

맞아.

sentence 070

もう終わりだ。

美しくなかったら 生きる意味がない。

다 끝이야.

아름답지 않으면 살 의미가 없어.

sentence 071

大丈夫よ。痛癪で死んだ人はいないわ。

괜찮아. 짜증나서 죽은 사람은 없어.

어쩔 수 없이 하울을 대신해 왕궁으로 향하는 소피. 그리고 왕궁 앞에서 황야의 마녀를 만납니다. 소피는 황야의 마녀가 밉지만 가야 하는 방향이 같아 길을 함께 걷습니다. 그리고 그들 앞에 나타난 수만 개의 계단. 할머니가 된 소피와 뚱뚱한 황야의 마녀는 이 모든 계단을 올라 국왕을 만나러 가야 했죠. 계단에서는 마법도 통하지 않아, 황야의 마녀는 매우 지쳐 국왕이 마법을 걸어둔 함정 의자에 앉고 맙니다.

그렇게 소피는 홀로 국왕을 만납니다. 국왕 설리먼은 하울이 악마와 계약하며 마음을 빼앗겼다는 사실을 소피에게 알려줍니다. 더불어 국왕은 이러한 이유로 하울이 가진 마법의 힘을 강제적으로 빼앗겠다고 이야기하죠. 하지만 소피는 국왕의 의견에 당차게 반박합니다. 하울은 솔직하고 자유로운 사람이라며, 그는 스스로 악마와의 관계를 정리해 나갈 것이라고 그를 옹호하죠. 그리고 바로 그때, 소피는 잠시 할머니에서 18세 소녀의 모습으로 돌아옵니다.

한편, 소피가 걱정되어 변장하고 왕궁으로 잠입한 하울. 하울은 곧 소피와 국왕 설리먼에게 모습을 드러냅니다. 설리먼은 하울을 위협하고, 하울은 소피가 걱정되어 먼저 성으로 보냅니다.

소피는 국왕의 함정에 모든 마법이 풀려 쪼글한 할머니가 된 황야의 마녀까지 데리고 집으로 돌아갑니다. 겨우 설리먼을 따돌리고 성으로 돌아온 하울. 하울은 캘시퍼와 소피, 황야의 마녀에게 이사를 준비하라고 합니다. 설리먼에게 하울의 성 위치를 들켰기 때문이죠.

이사를 준비하는 과정에서 하울은 소피에게 성의 새로운 출구를 하나 알려줍니다. 하울의 은신처이자 비밀이 담긴 곳인 뜰이었죠. 하지만 소피는 언젠가 이곳에 와본 적이 있는 것만 같습니다.

집 밖은 여전히 전쟁으로 정신이 없습니다. 곧이어 하울의 성은 폭격을 맞아 무너지기 시작하고, 결국 설리먼에게도 위치를 들키고 말죠. 겁쟁이었던 하울은 소피를 지켜야겠다는 마음 하나로 용기를 내 전쟁터로 향합니다. 캘시퍼와 소피, 황야의 마녀만이 하울의 성에 남게 되죠.

그런데 황야의 마녀가 하울의 심장을 가지고 있는 캘시퍼를 쥐어버리고 마는데요. 그 순간 하울의 성은 산산조각이 나버리고, 과거로 향하는 비밀의 문이 열립니다. 그리고 그곳에서는 어린 하울이 비밀의 뜰에서 자신의 심장을 캘시퍼에서 주며 계약을 하고 있었습니다.

소피는 과거의 하울에게 미래에서 기다린다는 말을 전하고 현재로 돌아옵니다. 현재로 돌아온 소피의 눈앞에는 하울이 쓰러져 있습니다. 소피는 캘시퍼가 가지고 있는 심장을 하울에게 돌려줍니다. 그러자 캘시퍼는 물론이고 하울도 자유의 몸이 되었죠. 동시에 전쟁은 끝나가고 소피는 젊었던 모습으로 완전히 돌아오게 됩니다.

sentence 072

荒地の魔女が 僕の家を 探しているんだ。

황야의 마녀가 우리 집을 찾고 있어.

え？ あ…… 港で手下を見かけたわ。

어? 아……. 내가 항구에서 부하들을 봤어.

僕は本当は 臆病者なんだ。

これらはすべて魔女を防ぐお守りで。

こわくて こわくてたまらない。

난 사실 겁쟁이야.

이것들은 모두 마녀를 막는 부적이고.

나는 너무 두렵거든.

sentence 073

ハウルって一体 いくつ名前があるの？

하울은 대체 이름이 몇 개야?

自由に生きるのにいるだけ。

자유롭게 사는 데 필요한 만큼 있어.

sentence 074

ハウルに心がないですって！

たしかにわがままで 臆病で何を考えているかわからないわ

でも あの人は真っすぐよ自由に生きたいだけ。

ハウルはここに来ることも、悪魔になることもないでしょう。

悪魔との関係を自ら整理するんです。

私は そう信じます！

하울이 마음을 잃었다니요!
확실히 이기적이고 겁쟁이에다 무슨 생각을 하고 있는지
모르겠지만,
하울은 솔직하고 자유롭게 살려는 것뿐이죠.
하울은 여기 오지도, 악마가 되지도 않을 거예요.
그리고 그는 악마와의 관계를 스스로 정리할 거예요.
난 그렇게 믿어요!

『하울의 움직이는 성』은 미야자키 하야오 감독의 영화로 스튜디오 지브리의 대표작이죠. 특히 『하울의 움직이는 성』에는 무정부주의적인 성향과 더불어 반전주의, 평화주의 등 전쟁을 둘러싼 다양한 정치적인 배경이 소피와 하울의 사랑 이야기와 잘 어우러졌다는 평가를 받습니다. 영화 OST인 작곡가 히사이시 조의 〈인생의 회전목마〉 역시 아직까지도 사랑받고 있습니다.

유토피아와 디스토피아가 공존하는 작품 속 세계관은 우리에게 환상과 동시에 현실의 아픔을 느끼게 합니다. 이 작품에서는 기술과 마법이 함께 성장한 상황을 유토피아적으로, 그러한 시대적 배경을 기반으로 발생한 국가 간 잔인한 전쟁 상황을 디스토피아로 그려내죠. 평화롭고 아름다운 장면 속 등장하는 전쟁의 참상들은 관객의 마음을 아프게 만듭니다. 해당 작품은 양면의 모습을 동시에 잘 드러냈다는 점에서 아주 오랫동안 극찬받아 왔습니다.

작품에서 또 하나 주목할 부분은 하울과 소피의 성장입니다. 겁쟁이 하울은 소피를 만나 용기를 낼 수 있게 됩니다. 외모가 전부가 아니라는 점을 소피를 통해 깨닫고, 소피를 진정으로 사랑하는 마음에 전쟁에 나가 싸울 결심을 하죠. 자신만의 세계에 갇혀 지내던 하울이 밖의 세계와 연결될 수 있게 한 존재가 소피였던 겁니다.

한편 소피는 모자 가게를 가업으로 이어받아 모자를 만들며 살아가고 있었습니다. 능동적으로 자신의 길을 찾아가기보다 주어진 일을 수동적으로 해내고 있었죠. 그런 소피는 군인들로부터 자신을 도와준 하울을 통해 새로운 경험을 합니다. 소피에게도 하울은 색다른 세계, 새로운 삶으로의 구원자였던 셈이죠.

또한 소피는 하울이 외모로 고통받는 모습을 보며 도리어 자신이 참아온 감정들을 내뱉을 수 있게 됩니다. 그리고 그 과정에서 진정한 아름다움이란 무엇인가를 생각하죠. 더불어 노인으로 변한 소피는 아름다움은 외모뿐만 아니라 내면에 담겨 있다는 점까지 생각하게 됩니다.

즉, 소피는 외모에 대한 자신감과 자아를 탐구하게 됩니다. 소피의 변화는 인간의 정체성이 겉모습이 아니라 내면에 있다는 메시지를 전달하죠. 이는 심리학적으로 자아 실현과 자기 수용의 중요성을 강조하며, 철학적으로는 존재론적 질문을 던집니다. "인간의 진정한 정체성은 무엇인가?"

하울과 소피는 서로에 대한 사랑을 통해 자아를 찾고 성장합니다. 서로가 있다는 사실만으로 변화할 이유가 충분했던 거겠죠.

우리도 이들의 사랑을 보며 진정한 아름다움이란 무엇일지, 사랑에는 어떠한 힘이 있길래 우리 인생을 발전시키는지 생각해 보게 됩니다. 여러분의 곁에도 분명 나의 아름다움을 알아봐 줄 사람이, 내가 기꺼이 바뀔 수 있게 할 사람이 함께하고 있을 것입니다.

아이의 기억

당신이 성장할 수 있게 도와주었던 사람이 있나요?
누군가의 말이나 존재가 당신에게 큰 영향을
미쳤던 때가 있다면 소개해 주세요.

#성장 #변화 #용기

하울의 움직이는 성의
주제가를 감상해 보세요.

PART 3. 그 시절 특별했던 운명의 순간

운명을 믿나요? 어린 시절 환상적인 운명의 상대를, 운명 같은 일을 기다리곤 했던 것이 생각납니다. 하지만 어른이 되고서는 운명을 그저 합리화하는 데 사용하고 있는 것 같네요.

살아온 나날을 돌아보면 나에게 있었던 행복한 일들이 운명 같았는데도 말이죠. 어른이 된다는 것은 나에게 일어나는 아름다운 일보다 버거운 일들에 집중하게 되는 것일지도 모르겠습니다. 이번 장에서는 힘든 일은 제쳐두고 나에게 일어났던 특별한 순간들을 돌아보세요.

3-1 너를 만나서 인생이 달라진 시간

라따뚜이 - 브래드 버드

훌륭한 미각과 요리 실력을 갖춘 레미. 레미는 생쥐입니다. 그리고 그 점 때문에 레미는 뛰어난 요리사가 될 수 없었죠. 레미의 친구와 가족은 시궁창에서 버려진 음식을 먹으면서도 행복하게 살지만, 레미는 그곳에서 행복을 느낄 수 없었습니다.

레미는 다른 쥐들과는 다르게 손을 항상 깨끗이 하고, 인간 할머니의 집에서 요리합니다. 그리고 할머니의 집에서 TV에 나오는 유명한 요리사 구스토를 보며 그를 존경하죠.

자신이 하고 싶은 일을 마음대로 할 수 없던 레미는 큰 답답함을 느낍니다. 할머니의 집에서 몰래 요리하던 레미는 결국 할머니에게 그 모습을 들키고, 레미를 포함한 모든 생쥐는 할머니의 집에서 쫓겨납니다.

레미는 구스토의 요리책을 챙겨오다 피신하는 생쥐 무리에서 낙오됩니다. 정신을 잃은 채 책과 함께 하수구에 남게 된 레미.

기절한 레미가 겨우 눈을 뜹니다. 레미 옆에는 아끼는 구스토의 책이 보였고, 그 옆으로는 존경하는 요리사 구스토가 보입니다. 사실, 구스토는 최근에 사망했기 때문에 유령이 되어 레미의 앞에 나타난 것이죠.

그는 레미를 자신이 운영하던 레스토랑으로 안내합니다. 바쁜 레스토랑의 주방은 레미에게는 동경의 대상일 뿐이었습니다. 레미는 요리사가 될 수 없으니까요.

sentence 075

Good food is like music you can taste, color you can smell.

There is excellence all around you.

All you have to do is notice and stop and savour.

훌륭한 음식은 맛볼 수 있는 음악, 맡을 수 있는 색채와 같아.

네 주변에는 훌륭한 것들이 많단다.

네가 해야 할 것은 그저 알아차리고 멈춰서 음미하는 것이야.

sentence 076

You must try things that may not work.

And you must not let anyone define your limits because of where you come from.

Your only limit is your soul.

Trust me. Anyone can cook.

But only the fearless can be great cook.

넌 효과가 없을지도 모르는 일을 시도해 봐야 해.

그리고 네 출신이 어디던 간에 누구도 너의 한계를 정의하도록 해서는 안 돼.

너의 유일한 한계는 네 영혼일 뿐이야.

내 말을 믿어. 누구든 요리를 할 수 있어.

하지만 오직 두려움이 없는 사람만이 위대한 요리사가 될 수 있지.

sentence 077

You are an illustration. Why am I talking to you?

당신은 이미지일 뿐이에요. 왜 제가 당신과 말을 하고 있죠?

Well, you just lost your family, all your friends. You are lonely.

그건, 네가 가족도 잃고 친구들도 모두 잃었으니까. 외로우니까.

Yeah. Well, you're dead.

맞아요. 하지만, 당신은 죽었어요.

Oh, but if you're desperate, death doesn't dampen hope.

아, 하지만 간절히 바라면 죽음도 희망을 꺾지는 못해.

If you focus on what you've left behind,
you'll never be able to see what lies ahead.

네가 그렇게 계속 남은 것에만 집중한다면,
넌 네 앞에 놓여 있는 무엇도 볼 수 없을거야.

레미가 몰래 훔쳐보던 주방에 한 남자가 들어옵니다. 그의 이름은 링귀니. 그는 구스토 주방장에게 추천서를 받아왔다며 주방 청소부로 일을 시작합니다. 링귀니는 덜렁대는 성격에 요리도 잘 하지 못했습니다. 주방에서 크고 작은 사고들을 일으켜 선임들에게 미움을 샀죠. 그러던 중 수프를 엎지르는 사고를 치고 마는 링귀니. 링귀니는 사고를 수습하기 위해 이런저런 재료들을 추가합니다.

레미는 링귀니의 이 모습을 계속 지켜보고 있었습니다. 요리에 대한 열정을 가지고 있는 레미는 도저히 링귀니가 수프를 망치는 모습을 보고만 있을 수 없었습니다. 레미는 결국 주방으로 몰래 들어갑니다. 그리곤 수프에 이런저런 재료와 향신료를 추가하죠. 할머니네 집에서 했던 것처럼요. 하지만 즐거운 요리 시간도 잠시, 레미는 결국 링귀니에게 모습을 들키고 마는데요. 레미는 잽싸게 도망가 목숨을 건집니다.

수프 앞에서 얼쩡거리던 링귀니가 의심쩍은 주방장 스키너는 링귀니에게 화를 내며 수프 맛을 봅니다. 링귀니가 망치고 레미가 다시 손을 본 수프는 놀랍게도 정말 맛있었습니다. 모두의 관심이 링귀니에게 쏠린 그때, 레미의 모습이 이번엔 주방장의 눈에 띕니다.

주방에 쥐가 있다는 사실에 직원들은 모두 화들짝 놀랍니다. 모두가 레미를 잡기 위해 달려드는 순간, 링귀니가 레미를 유리병에 담아 밖으로 데리고 나옵니다.

링귀니는 레미를 죽이지 않았습니다. 오히려 레미와 대화를 나누었죠. 링귀니는 레미를 살려줄 테니 자신에게 요리를 알려 달라고 부탁합니다. 그렇게 둘은 링귀니의 집으로 향합니다.

링귀니와 레미는 밤을 새우며 함께 요리할 방법을 찾아봅니다. 생쥐인 레미는 주방에서 보이면 안 되는 존재이기 때문에, 레미는 링귀니의 머리 위에 올라가 요리사 모자 안에 숨기로 합니다. 그리고 링귀니의 머리카락을 잡아당기며 링귀니의 손을 조종해 요리하죠. 레미와 링귀니는 갖은 시도 끝에 합을 맞춰 요리를 완성합니다.

sentence 078

Remy! What are you waiting for?

You're not gonna do anything?

You know how to fix it. This is your chance.

레미, 뭘 기다리고 있는 거야?

아무것도 하지 않으려는 거야?

너는 이 상황을 고칠 수 있는 방법을 알고 있잖아. 이게 네 기회야.

sentence 079

If you focus on what you've left behind, you'll never be able to see what lies ahead.

과거에 집착하면 미래를 내다볼 수 없어.

sentence 080

Is this a dream? Then it would be the best dream we could be together.

But why here? Why now?

Why can't it be here? Why can't it be now?

What better place to dream than in Paris?

이건 꿈일까? 그렇다면 아주 최고의 꿈일텐데.

우리가 함께할 수 있는 것 말이야.

하지만 왜 이곳일까? 왜 지금인 거야?

왜 여기가 아니면 안 되는 걸까? 왜 지금이 아니면 안 되는 거야?

꿈을 꾸기에 파리보다 더 좋은 곳이 있을까?

다음 날, 주방에 출근한 링귀니는 지난날 맛있는 수프를 만들었다는 이유로 청소부에서 요리사로 진급합니다. 그리곤 어젯밤 레미와 함께 연습한 것처럼 맛있는 음식을 손쉽게 만들었죠. 요리사 모자 속에 레미를 숨겨두고 레미에게 조종당하면서요. 함께 요리하며 레미와 링귀니는 서로에게 큰 친밀감을 느낍니다.

한편 주방장 스키너는 구스토 주방장의 죽음 이후 가게를 자신의 것으로 만들기 위해 계략을 짜고 있었습니다. 그런데 새로 들어온 신입 요리사 링귀니가 인기 있는 신메뉴를 만들고, 눈에 띄는 실력을 보이자 링귀니를 가게에서 내쫓고 싶어 합니다. 그의 약점을 찾아 해고하겠다는 것입니다.

링귀니를 유심히 살펴보던 스키너의 눈에 생쥐의 모습이 자꾸 발견됩니다. 링귀니를 관찰하다 보면 자꾸 생쥐가 보이는 것이었습니다. 그러다 결국은 링귀니가 레미와 함께 요리하는 모습을 봅니다.

스키너가 링귀니의 약점을 잡은 그때, 레미도 스키너가 숨겨둔 비밀을 하나 알게 됩니다. 바로 이 레스토랑의 주인 구스토가 링귀니의 아버지였다는 사실을요. 링귀니는 사실 구스토의 사생아이자 레스토랑의 소유주였던 것입니다. 레미는 이 사실을 바로 링귀니에게 알려주고, 링귀니와 주방 사람들은 주방장 스키너를 주방에서 내쫓습니다.

sentence 081

Okay. So let's think this out.

You know how to cook, and I know how to appear human.

We have to create one system so that I can cook what you want without looking like I'm being manipulated by a little rat cook.

Would you listen to me?

그래, 생각해 보자.

너는 요리를 할 줄 알고, 나는 사람으로 보일 수가 있어.

우리는 내가 작은 쥐 요리사에게 조종당하는 것처럼 보이지 않으면서도 네가 원하는 요리를 할 수 있도록 한 가지 시스템을 만들어야만 해.

이해할 수 있겠어?

sentence 082

What I want to know is if this letter…….

If this boy changes anything!

내가 알고싶은 것은 만약 이 편지가…….

그러니까 만약 링귀니가 모든 것을 바꿀 수 있다면!

There's not much resemblance. There's no resemblance at all.

He is not Gusteau's son.

Gusteau had no children, and what of the timing of all this?

The deadline in the will expires in less than a month!

Suddenly, some boy arrives with a letter from his recently deceased mother claiming Gusteau is his father?

Highly suspect!

링귀니는 구스토와 닮은 점이 없어요. 전혀 없다니까요.

링귀니는 구스토의 아들이 아닙니다.

구스토는 아이가 없었고, 또 타이밍은 어떻습니까?

유언장의 마감일이 한 달도 남지 않았어요.

갑자기 어떤 소년이 최근 사망한 어머니로부터 편지를 가지고 와서 구스토가 자신의 아버지라고 주장한다면?

매우 의심스럽죠!

sentence 083

In every dish, Chef Gusteau always has something unexpected.

I will show you. I memorize all his recipe.

모든 요리에서, 구스토 주방장은 항상 예상하지 못한 것들을 가지고 있습니다.

제가 보여드릴게요. 그의 레시피를 다 외웠으니까요.

이제 링귀니는 유명하고 실력이 좋은 요리사로 소문이 났습니다. 스키너가 없는 주방에서 링귀니는 유능한 요리사로 대접받습니다. 사실 링귀니의 실력이 아니라 레미의 요리 실력이 좋은 것이지만요.

시간이 지나자 링귀니는 기자들과 인터뷰도 하는 등 명성을 얻습니다. 모든 공이 자신의 것인 양 행세하죠. 하지만 레미는 이 점에 상처받습니다. 자신의 이야기는 쏙 빼버렸으니까요. 그렇게 링귀니와 레미의 사이가 멀어집니다.

그들의 불화에도 불구하고 레스토랑은 계속 승승장구 합니다. 세계적인 음식 평론가 안톤 이고도 요리를 평가하기 위해 레스토랑에 방문하죠. 하지만 링귀니의 곁에는 더 이상 레미가 없었습니다. 그러니 맛있는 요리를 내놓을 수 없었죠.

당황하는 링귀니에게 레미가 먼저 손을 내밀며 다가옵니다. 그러자 링귀니는 자기 잘못을 크게 뉘우치며 레미에게 진심어린 사과를 합니다.

링귀니는 돌아온 레미와 함께 평론가 안톤 이고를 위한 음식을 만듭니다. 그리곤 주방 직원들에게 진실을 털어놓죠. 사실 생쥐 레미가 없었다면 이 모든 유명세와 인기는 없었을 것이었다고요. 레미가 천재 요리사 생쥐라는 사실을 알립니다.

그러자 이 사실에 크게 실망한 직원들은 모두 주방을 떠나버립니다. 단 한 명, 링귀니를 좋아하는 요리사 꼴레뜨만 빼고요. 꼴레뜨도 링귀니에게 실망하지만 레스토랑의 원래 주인인 구스토의 모토 "누구나 요리할 수 있다."라는 말을 떠올리며 레스토랑으로 돌아와 함께하겠다고 말합니다. 그렇게 레미와 링귀니, 꼴레뜨는 평론가 안톤 이고에게 극찬받는 라따뚜이를 함께 만듭니다.

쥐가 있다는 사실이 탄로 난 구스토의 레스토랑은 결국 문을 닫습니다. 하지만 레미와 링귀니, 꼴레뜨와 다른 생쥐들은 쥐와 함께하는 레스토랑을 새로 오픈합니다. 바로 레스토랑 '라따뚜이'를요.

sentence 084

Now, imagine every great taste in the world being combined into infinite combinations.

Tastes that no one has tried yet! Discoveries to be made!

이제, 세상의 모든 위대한 맛들이 무한한 조합으로 결합되는 모습을 상상해 봐.

아직 아무도 시도하지 않은 맛을 말이야! 새로운 발견의 맛!

sentence 085

And the truth is, I have no talent at cook.

But this rat,

This mouse is the one who created all these recipes.

He's the cook. The real cook.

He's been hiding under my toque.

He's been controlling my actions.

He's the reason I can cook the food that's exciting everyone.

You've been giving me credit for his gift.

I know it's a hard thing to believe.

사실 저는 요리에 재능이 하나도 없습니다.

하지만 이 쥐는,

이 쥐는 이 모든 레시피를 만들어낸 존재입니다.

이 쥐는 요리사에요. 진짜 요리사요.

그는 지금까지 제 모자 안에 숨어있었어요.

그리곤 제 모든 행동을 조종해 주었죠.

이 쥐가 제가 밖에 있는 모든 사람을 행복하게 하는 음식을

만들 수 있는 방법입니다.

그리고 여러분은 이 쥐의 공을 제게 돌리고 있죠.

이것은 여러분이 믿기 어려운 사실이라는 것을 압니다.

sentence 086

Not everyone can't become a great artist,

But a great artist can come from anywhere.

모든 사람이 훌륭한 예술가가 될 수 있는 것은 아니야,

하지만 훌륭한 예술가는 어디에서든 나올 수 있어.

『라따뚜이』는 프랑스 파리를 배경으로 한 영화로, 픽사에서 제작하고 월트 디즈니에서 배급한 애니메이션입니다. 이 작품은 프랑스의 요리 라따뚜이를 전 세계에 알린 영화로도 유명합니다. 작품 속 라따뚜이를 요리하는 모습은 관객들에게 라따뚜이를 한 번쯤 맛보고 싶게 만들죠. 그래서인지 영화 『라따뚜이』는 프랑스를 대표하는 애니메이션으로 종종 지목되기도 합니다.

이 작품은 요식업을 주제로 한다는 점이 손꼽히기도 합니다. '요리'와 '음식'은 특히 애니메이션의 세계에서는 자주 등장하지 않는 소재이죠. 우리 인생의 큰 부분을 차지하는 '음식'을 주제

로 하여, 우리가 요리해 먹는 것들, 우리가 음식에 가진 추억들, 우리에게 요리를 해주는 존재들에 관해 다시 한번 생각해 볼 수 있도록 합니다. 특히 평론가 안톤 이고가 라따뚜이를 먹으며 자신의 어린 시절을 돌아보고 감동하는 모습은 명장면으로 손꼽히기도 합니다. 이 작품을 본 모두가 자신만의 라따뚜이를 떠올렸을 테죠.

『라따뚜이』의 레미는 생쥐라는 이유로 요리사가 될 수 없다는 한계에 부딪힙니다. 아무리 요리를 사랑하고 요리에 유능해도 생쥐가 아닌 다른 존재가 될 순 없으니까요.

하지만 레미는 결코 꿈을 포기하지 않습니다. 재능을 끝까지 펼치죠. 소수자로 대변되는 레미의 이야기를 들어주고 레미의 재능을 인정해 주는 링귀니 덕분에요.

링귀니는 레미와는 다른 이유로 고민하고 있습니다. 레미가 절대 될 수 없는 존재인 인간이면서도 레미의 재능을 가지지 못해 슬픈 요리사죠. 인간이 될 수 없는 레미와 노력하지만 늘지 않는 요리 실력을 갖춘 링귀니의 만남은 우리가 늘 꿈꾸는 것일지도 모릅니다. 사람은 누구나 내가 가지지 못한 것, 내게 부족한 것을 원하니까요.

둘은 서로에게 부족한 점을 채워주는 완벽한 콤비가 되었습니다. 레미와 링귀니가 환상적인 짝꿍이 될 수 있었던 건 서로를 있는 그대로 받아들였기 때문이죠. 링귀니가 레미를 생쥐라는 이유로 무시하고 쫓아냈다면, 레미가 링귀니를 절대 성장하지 못할 요리사라고 생각했다면 일어날 수 없는 사건들입니다.

레미는 자신의 진정한 정체성을 찾고, 이를 실현하기 위해 노력합니다. '쥐'로서의 본능과 '요리사'로서의 꿈 사이에서 갈등하지만, 결국 자신의 꿈을 실현하죠. 이는 개인이 자신의 정체성을 탐구하고 자아를 실현하는 과정을 철학적으로 탐구하게 합니다. 이는 실존주의 철학, 특히 사르트르의 "실존은 본질에 앞선다."는 개념과 연결될 수 있습니다. 레미는 자신의 실존을 통해 본질을 정의한 거죠.

우리는 그렇게 작품 속의 두 캐릭터를 통해 한계에도 굴하지 않는 꿈에 대한 열정과 편견 없이 다른 존재를 대하는 깊은 이해심을 볼 수 있습니다. 레미와 링귀니의 모습을 보며, 누구나 꿈을 이루어낼 수 있음을 다시 한번 마음속에 새겨볼 수 있길 바랍니다.

아이의 기억

현실의 벽에 꿈이 좌절된 적이 있나요?
그때의 기분은 어땠나요?
힘들었던 마음들을 아래 빈칸에 남겨두고 다시 일어나세요.

#꿈 #희망 #좌절

라따뚜이의
주제가를 감상해 보세요.

3-2 너의 이름을 절대 잊어서는 안 돼

센과 치히로의 행방불명 - 미야자키 하야오

치히로 가족이 이사를 갑니다. 아빠가 운전하는 차를 타고 엄마와 함께 이삿짐을 옮기죠. 치히로의 가족은 산길을 지나다 우연히 터널을 통과합니다. 잠깐 쉴 겸 차에서 내린 가족들. 가족들은 그렇게 터널을 지나 새로운 세계에 발을 딛습니다.

터널에서 나아가 걷다 보니 식당가가 나타납니다. 치히로의 부모님은 주인 없는 가게에서 맛있게 밥을 먹습니다. 하지만 치히로는 음식을 먹지 않고 주위를 구경합니다.

혼자 거리를 돌아다니던 치히로는 다리에서 한 소년을 만납니다. 그리고 그 아이에게서 이곳에서 빨리 나가라는 이야기를 듣죠. 불안해진 치히로는 얼른 부모님을 찾아 돌아갑니다.

하지만 이미 늦었습니다. 치히로의 부모님은 온데간데없고 돼지 두 마리만 있을 뿐이었습니다. 놀란 치히로는 다리에서 만난 소년, 하쿠의 도움을 받아 재빨리 도망가죠.

치히로는 하쿠를 따라 가마 할아범이 있는 곳으로 갑니다. 가마 할아범은 가마를 데워 온천을 따뜻하게 하는 일을 하고 있었습니다. 하쿠가 치히로에게 이 세계에서는 무조건 일을 해야 한다고 조언합니다. 일을 하지 않는 자는 치히로의 부모님처럼 동물이 되거나 사라지게 된다고요. 그렇게 치히로는 가마 할아범에게 일을 하고 싶다고 이야기하지만 이미 일꾼이 많다는 이유로 거절당합니다.

sentence 087

立てない、どうしよう！力が入んない……

落ち着いて、深く息を吸ってごらん……

そなたの内なる風と水の名において解き放て……

일어날 수 없어, 어떡해! 힘이 안 들어가…….

침착하게, 깊이 숨을 들이마셔…….

내면의 바람과 물의 이름으로 풀어버려…….

sentence 088

ここへ来てはいけない すぐ帰れ。

すぐに夜になる その前に早く帰れ。

私が時間を稼ぐから対岸に走って！

여긴 오면 안 돼, 어서 돌아가.

곧 어두워져, 그 전에 돌아가.

벌써 해가 졌어, 서둘러! 내가 시간을 벌 테니까 강 건너로 뛰어!

sentence 089

釜爺？

가마 할아범?

その人に ここで働きたいって 頼むんだ 断ら

れても最後までせがむ。

この世界で働かなければ、湯婆婆があなたを動物に変える

だろう。

그분께 일하고 싶다고 부탁해, 거절해도 끝까지 졸라.

이 세계에서 일하지 않으면 유바바가 널 동물로 바꿀 거야.

湯婆婆って？
유바바?

ここを支配してる魔女だ。
釜爺が君を追い出そうとするだろうが，
最後まで働きたいとだけ言って。
つらくても我慢して機会を待って。
여길 지배하는 마녀야.
가마 할아범이 널 쫓아내려고 하겠지만.
끝까지 일하고 싶다고만 말해.
힘들어도 참고 기회를 기다려.

그러다 가마 할아범을 만나러 온 린이 우연히 치히로를 발견합니다. 그리고 치히로를 유바바에게 데려가죠. 유바바는 이 지역의 큰 온천을 이끄는 주인이었습니다. 유바바를 만난 치히로는 가마 할아범을 만났을 때와 마찬가지로 일자리를 부탁합니다. 무엇이든 할 수 있다고 하면서요.

유바바는 치히로가 의심쩍었지만, 일자리를 주며 계약을 해야 한다고 합니다. 진짜 이름인 치히로가 아니라 센으로 일할 것도 요구하죠. 치히로는 이름을 잃게 될지도 몰랐습니다. 이 세계에서는 이름을 잃어버리면 집으로 돌아가는 길을 잃어버리게 됩니다. 그것은 곧 치히로가 원래의 세계로 돌아갈 수 없을 수도 있음을 뜻하죠.

이제 센은 온천을 청소하고 손님들의 시중을 드는 일을 하게 됩니다. 린 언니를 따라 다양한 이를 만나고 많은 것을 배웁니다. 센이 걱정된 하쿠는 몰래 센을 만나러 오고, 그들은 돼지가 되어버린 센의 부모님이 잘 계신지도 함께 확인합니다. 센은 돼지가 된 부모님을 보며 속상함에 눈물을 흘립니다. 이 모습을 본 하쿠가 등을 토닥이며 센을 위로해 줍니다.

어리지만 꿋꿋이 힘든 온천 일을 해내는 센. 시간이 흐르고 엄청 크고 지독한 냄새가 나는 오물 신이 온천에 방문합니다. 센이 거슬렸던 유바바는 센에게 오물 신의 시중을 들고 그의 목욕을 도우라고 명령하죠. 센은 모두가 회피하는 일이라도 즐거운 마음으로 최선을 다해서 해냅니다.

오물 신의 목욕 시중을 들던 중, 센은 오물 신의 몸에 있던 큰 가시를 발견해 뽑아주는데요. 가시가 뽑히자 오물 신의 커다란 몸에서는 방대한 양의 쓰레기가 나옵니다. 쓰레기가 모두 제거되고 보니 그는 사실 강의 신이었습니다. 강의 신은 센에게 고맙다는 의미로 약만큼 쓴 경단을 선물로 줍니다.

sentence 090

そこに名前を書きな働かせてやる。

その代わり イヤだとか 帰りたいとか言ったら

すぐ子ブタにしてやるからね。

이름을 써라 일하게 해 주겠다.

대신 싫다든가 돌아가겠다고 하면,

새끼 돼지로 만들어줄 테다.

あの 名前って ここに書くんですか?

이름을 여기에 쓰나요?

そうだよ もうグズグズ しないで さっさと書きな。

まったく…… 仕事が欲しい人に仕事をやると誓ってしまうなんて。

그래, 꾸물대지 말고 빨리빨리 써.

내가 미쳤지 일을 구하는 자에게 일을 주겠다고

맹세해 버렸으니…….

sentence 091

千尋というのかい？

치히로라고 하느냐?

はい！

네!

ぜいたくな名だね。

今からお前の名前は千だ？ いいかい？ 千だよ。

이름 한번 거창하구나.

지금부터 네 이름은 '센'이다. 알겠느냐? '센'이야.

sentence 092

千尋って…… 私の名だわ。

치히로는……. 내 이름이야.

湯婆婆は相手の名を奪って支配するんだ。

유바바는 누구든 이름을 빼앗아서 지배해.

千のフリをして、本当の名前は隠して。

'센'인 척하고 진짜 이름은 숨겨.

私は名前をほぼ奪われるところだった。

이름을 거의 빼앗길 뻔했어.

名前を奪われると 帰り道がわからなくな るんだよ。

私は どうしても思い出せないんだ。

이름을 뺏기면 돌아가는 길을 잊게 돼.

난 아무리 해도 생각이 안 나.

다음 날, 금은보화를 잔뜩 뿌리고 다니는 손님이 여관에 방문합니다. 사실 그 손님의 이름은 가오나시. 까만 몸에 하얀 얼굴을 하고 있는 그는 여관에서 우연히 센과 몇 번 마주친 적이 있습니다. 센과 가오나시는 서로에게 친절했죠. 그랬던 가오나시가 이번에는 금은보화를 잔뜩 뿌리며 여관에 와 센을 찾습니다. 센에게 수많은 보석을 주겠다고 하지만 센은 받지 않겠다고 말합니다.

센의 거절에 큰 충격을 받은 가오나시. 가오나시는 충격에 휩싸여 여관 직원들과 물건들을 모조리 잡아먹습니다. 커다랗고 징그러워진 가오나시가 흥분을 주체하지 못하고 날뛰었습니다.

그러자 가오나시의 본래 모습을 알고 있던 센이 그에게 다가갔습니다. 그리곤 지난 날 강의 신에게 받은 경단의 일부를 가오나시에게 건넸죠. 센이 건넨 경단을 먹은 가오나시는 금새 그동안 먹은 것들과 모든 직원을 토해냅니다. 그렇게 가오나시는 다시 유령처럼 조용한 존재로 돌아와 센을 따릅니다.

한편 하쿠는 용이 되어 싸우다 몸을 다칩니다. 하쿠는 사실 유바바에게 마법을 배우러 왔다가 이름을 빼앗기고 유바바 밑에서 일을 하게 되었습니다. 특히 유바바의 쌍둥이 동생 제니바와 싸우는 일을 하게 되었죠. 이번에도 제니바와 싸우다 다친 것입니다.

이 사실을 알게 된 센은 하쿠를 도와주기로 합니다. 다친 하쿠에게 남은 경단을 먹이고 그를 치료합니다. 경단을 먹은 하쿠는 도장 하나와 벌레를 토해내는데요. 도장은 하쿠가 제니바에게 훔쳐 온 것이었습니다.

sentence 093

私が欲しいものは、あなたが絶対にあげられない。

내가 원하는 건, 네가 절대 줄 수 없어.

sentence 094

そいつの正体はカオナシだよ そう カオナシ！

お金に目がくらんでそんな客を入れるなんて。

그 녀석의 정체는 가오나시야 얼굴 없는 요괴!

돈에 눈이 멀어서 그런 손님을 들이다니.

sentence 095

ハクはな 千と同じように 突然 こ こにやって来てな。

魔法使いになりたいと 言いおってな。

ワシは反対したんだ。

魔女の弟子なんぞろくなことはないってな。

聞かないんだよ もう帰る所はないと。

とうとう 湯婆婆の弟子に なっちま った。

하쿠도 너처럼 불쑥 나타나선 마법사가 되고 싶댔어.

난 반대했어.

마녀의 제자가 돼 봤자 별 수 없다고 말이야.

하지만 소용이 없었어.

이제 돌아갈 곳이 없다며, 유바바의 제자가 돼 버렸어.

센은 하쿠를 돕기 위해서는 하쿠가 훔쳐 온 도장을 제니바에게 돌려주어야 한다고 생각합니다. 제니바에게 가기 위해서는 기차를 타고 먼 길을 가야 했습니다. 요즘에는 누구도 이용하지 않는 기차라, 표를 구하기가 어려웠습니다.

하지만 우연히 가마 할아범이 기차표를 가지고 있을지도 모른다는 이야기를 듣고 센은 가마 할아범을 찾아가 아주 오래되어 보이는 기차표를 한 장 얻습니다. 센은 자신을 따라다니는 가오나시와 함께 제니바를 찾아 기차를 타고 떠납니다.

제니바의 집은 한적하고 조용한 곳에 있었습니다. 오로지 돈을 가장 큰 가치로 여기는 유바바와는 달리, 제니바는 상당히 친절하고 평온한 사람이었습니다. 센과 가오나시는 제니바에게 도장을 돌려주고 제니바의 집에 잠시 머무릅니다.

제니바는 유바바와 있던 일을 모두 이야기해 주며 센의 부모님을 구할 방법도 알려주죠. 가오나시는 제니바의 따뜻함과 친절한 모습이 마음에 들어서인지 그녀의 집에 머무르기로 합니다.

도장을 돌려주고 센은 자신을 데리러 온 하쿠와 함께 다시 유바바의 온천으로 돌아갑니다. 돌아가는 길에 센은 옛날에 자신이 강에 빠졌던 때를 기억하게 됩니다. 아주 오래전에 강에 빠졌을 때 자신을 구해준 존재가 강의 신이자 용인 하쿠였다는 사실을 떠올립니다.

하쿠의 본명을 알게 된 센은 이제 하쿠를 자유롭게 해 줄 수 있다는 사실에 행복해합니다. 센은 곧바로 하쿠에게 본명을 알려줍니다. 하쿠의 본명은 바로 코하쿠. 본명을 알게 된 하쿠는 이제 자신의 길을 찾아 되돌아갈 수 있게 되었습니다.

하쿠는 이제 유바바의 제자를 그만두겠다고 말합니다. 그리고 센은 유바바에게서 엄마와 아빠를 되찾으러 향합니다. 유바바가 여러 마리 돼지 중에서 부모님을 찾아야지만 돌려보내 주겠다는 조건을 걸지만, 센은 그 자리에는 진짜 부모님이 없다며 정답을 맞히죠.

그렇게 부모님과 함께 집으로 돌아갈 수 있게 된 센. 그런 센을 하쿠가 바래다줍니다. 그리곤 이야기하죠, 절대 뒤 돌아보지 말고 끝까지 터널로 걸어가라고요.

sentence 096

お前を助けてあげたいけど 私にはどうする事もできないよ。

この世界の決まりだからね！

両親のこともボーイフレンドの龍のことも自分でやるしかない。

나도 널 돕고 싶지만 혼자서는 방법이 없단다.

그게 이 세계의 규칙이니까!

부모도 남자친구인 용도 네가 직접 구하는 수밖에 없단다.

でも あの ヒントか何かもらえませんか？

ハクと私 ずっと前に会ったことがあるみたいなんです。

힌트라도 줄 순 없나요?

하쿠랑 저는 오래전에 만난 듯해요.

じゃあ 話が早いよ 一度あったことは忘れないものさ！

ただ思い出せないだけだよ。

그렇다면 얘기가 빨라지지 한 번 일어난 일은 잊을 수 없는 법!

다만 기억이 안 날 뿐이야.

sentence 097

ハク、思い出した。覚えてはいないけど、お母さんから聞いた話だよ。

하쿠, 생각났어 기억은 안 나지만 엄마한테 들은 얘기야.

私 小さい時川に落ちたことがあるの

その川は もうマンションになって 埋めら れちゃったんだって。

でも いま思い出したの その川の名は……

その川はね コハク川。

あなたの本当の名はコハク。

내가 어렸을 때 강에 빠졌었는데,

그 강은 이미 메워지고 아파트가 들어섰대.

문득 생각이 났어. 그 강의 이름은…….

이름이 코하쿠 강이었어.

네 진짜 이름은 코하쿠야.

千尋 ありがとう！

치히로, 고마워!

sentence 098

さあ行きな、振り向かないで。

자 어서 가, 뒤돌아보지 말고.

『센과 치히로의 행방불명』은 제75회 아카데미 장편 애니메이션 작품상과 제52회 베를린 영화제 황금곰상을 수상하는 등 다양한 상을 거머쥔 명작입니다. 스튜디오 지브리의 미야자키 하야오 감독의 대표작이라고 할 수 있죠.

엄청난 상상력과 깊은 통찰력, 감동적인 음악과 아름다운 이미지가 어우러져 국내외에서 많은 관객들의 사랑을 받았습니다. 2001년에 개봉한 영화라고는 믿어지지 않을 만큼 지금까지도 사람들의 입에 오르내리죠. 그럴 수 있었던 데는 이 작품이 이름의 중요성과 함께 소녀의 흔들리지 않는 굳센 태도, 동물과 자연, 인간의 관계와 가치에 관한 진중한 의미까지 많은 메시지를 담고 있기 때문일 겁니다.

유바바는 치히로에게 일을 주며 원래의 이름을 빼앗습니다. 그리곤 센이라는 새로운 이름을 주죠. 그러자 하쿠는 센에게 무슨 일이 있더라도 원래 이름을 절대 잊지 말라고 합니다. 유바바가 이름을 빼앗아 사람들을 조종한다면서요.

그렇다면 이름을 잊지 말라는 것은 어떤 의미를 가질까요? 물질만능주의가 도래한 지금. 우리가 이름, 즉 정체성을 잊지 않도록 조언하는 것입니다. 치히로는 자신을 되찾기 위한 여정을 떠나며, 진정한 자아를 발견하죠. 이는 니체의 '초인' 사상처럼, 고난을 통해 자기 자신을 발견하고 성장해가는 과정을 보여줍니다.

센은 참 신기한 소녀입니다. 부모님이 돼지로 변해버리고 알 수 없는 세계에 맞닥뜨리지만 자신에게 주어지는 환경에 적응하며 누구보다 잘 살아냅니다. 일을 하게 된 온천에서는 모두가 돈을 위해 일을 하지만 센만큼은 일 그 자체에 충실하죠. 상황을 절망하기보다 자신의 가치관에 따라 온천의 손님을 친절히 대합니다. 온천에 오는 수많은 요괴는 그런 센을 싫어할 수가 없죠. 꿋꿋하게 자기에게 주어진 세계를 헤쳐나가는 어린 소녀를 보고 있자면 매일의 삶에 불평하는 어른들의 모습이 부끄러워지기도 합니다.

센의 강력한 조력자인 하쿠와의 관계도 흥미롭습니다. 센을 돕는 하쿠는 과거에도 센을 구해 준 적이 있었죠. 하지만 이번에는 센이 하쿠에게 이름을 찾아주며 그를 자유롭게 해 줍니다. 그에게 도움을 받고 자신이 도움을 주기도 하는 이 관계가 많은 이에게 혼자가 아니라는 울림을 주었습니다.

뿐만 아니라 『센과 치히로의 행방불명』에는 다양한 관계가 등장합니다. 오해받던 강의 신을 진심으로 대한 센, 관심과 친절을 나누는 센과 가오나시, 일을 해야 센을 존재하게 해 주겠다는 유바바.

사람은 다양한 관계 속에 살아갑니다. 그리고 그 모든 관계 속에서 많은 것을 깨닫게 됩니다. 여러분이 만나게 되는 모든 관계가 곧 여러분의 인생이 될 수 있습니다. 그러니 누구를 만나던 자신의 이름은 잃지 않고, 그의 이름을 기록하며 살아가는 것은 어떨까요?

센이 하쿠를 기억하고, 하쿠가 센을 기억하던 것처럼요. 우리도 언젠가 힘들고 어려운 상황에 부닥쳤을 때 누군가를 따뜻하게 감싸줄 수 있는 이름을 가졌으면 좋겠습니다.

아이의 기억

여러분의 인생에 큰 도움을 주었던 사람이 있나요?
그 사람의 이름은 무엇인가요?
그때의 일을 떠올리며 고마운 이름들을 적어보세요.

#인연 #도움 #기적

센과 치히로의 행방불명의
주제가를 감상해 보세요.

3-3 한 걸음 떼면 삶, 한 걸음 떼면 죽음

스즈메의 문단속 - 신카이 마코토

미야자키현에서 이모와 단둘이 살고 있는 소녀, 스즈메가 있습니다. 스즈메는 오늘도 평소처럼 아침 일찍 일어나 자전거를 타고 학교에 갑니다. 여느 날과 다른 점이 하나 있다면, 언덕을 내달리던 길에 아름다운 남자를 만났다는 거죠. 남자의 이름은 소타였습니다. 그는 자전거를 타고 지나가던 스즈메에게 근처에 폐허가 없는지 묻습니다. 그의 질문에 당혹감을 느끼면서도, 스즈메는 사람들의 발길이 끊긴 온천 거리를 알려줍니다.

그렇게 소타와 짧고도 기이한 만남을 가진 스즈메는 자꾸 어디선가 그를 본 적이 있는 것만 같습니다. 말로 설명할 수 없는 이상한 기분에 휩싸인 스즈메는 이내 학교를 빠져나와 소타를 쫓습니다. 그를 따라 산속 온천 폐허로 향하는 것이죠. 폐허에 도착한 스즈메는 소타를 찾아 헤매다 물웅덩이 한 가운데 수상하게 생긴 낡은 문을 하나 발견합니다.

스즈메는 용기를 내 문으로 다가갑니다. 그리곤 조심스레 문을 열어보죠. 그 수상한 문 뒤에는 반짝이는 별이 보이는 아름다운 환상의 공간이 존재했습니다. 스즈메는 문을 넘어 그 공간으로 향해 보지만 이상하게도 결국 문을 여닫는 것에 그치고 맙니다. 문 너머의 세상이 보이긴 하지만, 그곳으로 들어갈 수는 없는 것이었죠.

문 사이를 오가던 스즈메는 문 옆에 꽂힌 고양이 모양의 석상을 발견합니다. 그리곤 무의식적으로 그 석상을 뽑아버리죠. 스즈메의 돌발 행동에 석상은 살아 있는 고양이로 변해 도망갑니다. 당황한 스즈메는 그렇게 문을 열어둔 채로 그곳을 벗어나 학교로 돌아옵니다.

학교에 도착한 스즈메는 더 이상한 것을 보게 됩니다. 바로 아까 방문했던 산에서 어두운 느낌의 붉은 기둥이 솟구쳐 나오고 있었기 때문이죠. 그 강렬함에 불안감을 느낀 스즈메는 다시 폐허를 찾습니다.

폐허에 도착한 스즈메는 오늘 아침에 만났던 그 아름다운 남자, 소타를 다시 한번 만납니다. 그는 빨간 기둥이 솟구쳐 나오는 문을 닫기 위해 온몸으로 애를 쓰고 있었습니다. 스즈메는 그 모습을 보고 곧장 달려가 소타를 돕습니다. 하지만 그 과정에서 소타는 팔을 다치고, 미미즈라 불리는 그 커다란 붉은 기둥은 스즈메의 마을로 떨어집니다. 그리고 그와 동시에 지진이라는 재난문자가 온 마을 사람들에게 발송되죠.

붉은 미미즈가 솟구친 이유는 스즈메가 문을 열어뒀기 때문이었습니다. 끝까지 문을 닫기 위해 고군분투하는 스즈메와 소타는 마침내 문을 닫는 데 성공합니다. 문이 닫힘과 동시에, 소타는 의문의 주문을 외우며 목에 걸고 있던 열쇠를 꺼내 문을 잠갔죠. 소타가 문을 잠금과 동시에 붉은 미미즈는 폭발하며 사라졌습니다. 미미즈는 지진을 일으키는 에너지였으며, 소타는 일본 전역을 돌며 미미즈가 뿜어져 나오는 문을 닫는 토지시였습니다.

sentence 099

この近くに廃墟があるところを知っている？

私、門を探しているんです。

이 근처에 혹시 폐허가 있는 곳을 아니?

내가 문을 찾고 있어서 말이야.

sentence 100

かけまくもかしこき日不見の神よ。

遠とおつ御祖みおやの産土うぶすなよ。

久ひさしく拝領はいりょうつかまつったこの山河やまか

わ、かしこみかしこみ、謹つつしんでお返かえし申もうす。

아뢰옵기 송구한 히미즈의 신이시여.

머나먼 선조의 고향 땅이여.

오래도록 배령한 산과 하천, 경외하고 경외하오며,

삼가 돌려 드리옵니다.

sentence 101

すずめ、優しい、好き。

お前は…… 邪魔。

스즈메, 다정해, 좋아.

너는……. 방해돼.

한편 간호사인 엄마로부터 간단한 응급처치술을 배운 스즈메는 소타를 집으로 데려와 치료해 줍니다. 스즈메가 소타의 치료를 준비하기 위해 분주하던 때, 한 고양이가 찾아옵니다.

비쩍 마른 고양이를 불쌍히 여긴 스즈메는 고양이에게 먹을 것과 물을 다정히 건네줍니다. 그러자 고양이는 스즈메에게 인간의 말로 다정하다고 하죠. 고양이가 말하는 모습에 스즈메와 소타는 놀랍니다.

하지만 어떤 이유에선지 고양이는 소타에게 방해된다며 그를 의자로 만듭니다. 다리가 세 개인 그 의자는 스즈메 엄마의 유품이었습니다. 스즈메와 의자가 된 소타는 고양이를 쫓아 저주를 풀고자 하지만 잡기가 쉽지 않습니다.

그들은 고양이를 계속 따라가면서 버스를 타고 배도 타며 시고쿠까지 가게 됩니다. 의자가 된 소타를 데리고 고양이를 쫓는 일은 쉽지만은 않았습니다. 하지만 그들이 쫓는 것은 특이한 고양이인 만큼, 그들에게도 기회는 있었습니다. 다이진이라는 이름을 가졌던 고양이를 귀여워하는 사람들이 각종 SNS로 고양이의 위치를 공유해 주었기 때문이죠. 그 덕에 스즈메와 소타는 계속 고양이를 쫓을 수 있었습니다.

신기하게도 고양이 다이진이 향하는 곳들에는 폐허가 존재했습니다. 그리고 그 폐허에는 미미즈가 힘차게 새어 나오는 문이 있었죠. 스즈메와 소타는 고양이를 쫓으며 여러 지역의 열린 문을 만나게 되고, 그들은 그때마다 힘을 합쳐 문을 닫습니다. 하지만 의자가 된 소타는 더 이상 열쇠로 문을 잠글 수 없었고, 그렇게 스즈메는 소타를 대신해 열쇠를 쥐고 주문을 외우며 문을 잠그기 시작합니다.

결국 다이진을 따라 도쿄까지 와버린 스즈메와 소타. 다이진을 쫓다 보니 계속 문이 열린 곳들이 있었기에 스즈메는 문을 여는 존재가 다이진이라고 생각하게 됩니다. 그리고 자신이 문 옆에서 뽑았던 고양이 석상이 바로 다이진이라는 것도 깨닫게 되죠. 소타는 일본의 서쪽을 담당하는 다이진을 막기 위해서는 동쪽을 담당하는 석상에게 도움을 구해야 한다며 그를 찾습니다. 하지만 이와 동시에 도쿄에 거대한 미미즈가 생깁니다.

이번에 발생한 미미즈는 너무도 컸습니다. 그 크기와 강렬함은 도쿄의 많은 것을 전멸시킬 정도였죠. 최악의 사상자가 나올 것으로 예상되는 가운데, 스즈메와 소타는 급하게 미미즈가 발생한 도쿄의 문을 찾아냅니다.

sentence 102

命は儚いことを知っています。

死はいつもそばにあることを知っています。

それでも私たちは願います。

将来の1年、1日、あるいはほんの少しでも私たちは長生きしたいと思います。

목숨이 덧없다는 것을 알고 있습니다.

죽음이 항상 곁에 있음을 알고 있습니다.

그런데도 저희는 기원합니다.

앞으로 1년, 하루, 아니 아주 잠시라도 저희는 오래 살고 싶습니다.

sentence 103

私はすずめの明日だと思っています。

過去がどんなにつらくても、未来のあなたは幸せになるでしょう。

未来のあなたを愛してくれる人がいるはずです。

나는 스즈메의 내일이란다.

과거가 아무리 힘들어도 미래의 너는 행복할 거야.

미래의 너를 사랑해 주는 사람이 있을 거야.

sentence 104

消えたくないです。もっと生きたいです。

死ぬことが怖いので、生きたいです。生きたいです。

사라지고 싶지 않아요. 더 살고 싶어요.

죽는 게 무서워서 살고 싶어요. 살고 싶어요.

하지만 도쿄의 미미즈는 열쇠로 해결되지 않았습니다. 의자가 된 소타가 석상이 되어 미미즈에 꽂혀야만 했죠. 마치 고양이 모양의 석상이 미야자키현에 꽂혀 있던 것처럼 말입니다.

사람들의 목숨을 구하기 위해 스즈메는 눈물을 머금고 소타를 통해 미미즈를 봉인합니다. 이제 소타는 다시는 만날 수 없는 존재가 되어버린 것이죠.

스즈메는 소타에게 할아버지가 계셨다는 사실을 기억해 내고 그를 찾습니다. 모든 이야기를 들은 할아버지는 스즈메에게 미야자키현에서 열었던 그 문을 다시 한번 찾아가면 문제가 해결될 것이라 조언합니다. 스즈메는 자신을 걱정해 찾아온 이모, 소타의 친구 세리자, 서쪽의 문을 담당하는 다이진과 동쪽의 사다이진까지 모두를 만나 다시 미야자키현으로 향합니다.

우연히 옛날에 살던 집에 도착하는 스즈메는 그곳에서 낡은 문을 발견합니다. 이번에는 그 문을 통해 다른 세계로 들어갈 수 있었습니다. 그곳에는 불구덩이 속 의자가 된 소타가 미미즈에 갇혀 있었죠. 그 모습에 스즈메는 소타를 미미즈에서 꺼내고, 다이진과 사다이진은 어느새 문으로 들어와 미미즈와 싸우고 있었습니다. 소타가 미미즈에서 빠져나오자 다이진과 사다이진은 다시 석상으로 돌아가 미미즈를 봉인합니다.

소타를 구해낸 스즈메는 다시 문으로 돌아오는 길에서 울고 있는 어린아이를 발견합니다. 그 아이는 어린 시절 지진으로 집을 잃고, 이모와 살다 엄마를 그리워하다 못해 엄마를 찾아 헤매다 길을 잃었던 자기 자신이었습니다. 스즈메는 지금껏 그때 자신이 만났던 존재가 엄마였다고 생각했지만, 사실은 고등학생인 자신이었던 것이죠. 스즈메는 길을 잃은 과거의 자신에게 어머니의 유품이자 소타가 갇혀 있었던 다리가 세 개 달린 의자를 건네주고 문을 나옵니다.

sentence 105

死ぬことが怖くありませんか？

죽는 게 두렵지 않아요?

怖くありません！

두렵지 않아요!

sentence 106

そうだね、すずめ。

君は将来、誰かが大好きになって、あなたが大好きな誰かとたくさん会うよ。

今は暗闇かもしれないけれど、いつか必ず朝が来るというんだ。

朝が来て、また夜が来て、それが何度も繰り返される中で、君は光の中で大人になるんだ。

それは間違いなくそうなる。そうなるようにすでに全てが決まっているからね。

だから、これから何があっても、だれもすずめを邪魔できないだろう。

君は光の中で大人になるんだ！

있잖아, 스즈메.

너는 앞으로 누군가를 아주 좋아하게 되고,

너를 아주 좋아하는 누군가와 많이 만날 거야.

지금은 캄캄하기만 할지도 모르겠지만, 언젠가는 아침이 온단다.

아침이 오고 또 밤이 오고 그것을 수없이 반복하며

너는 빛 속에서 어른이 될 거야.

틀림없이 그렇게 돼. 그렇게 되도록 다 정해져 있어.

그러니, 앞으로 무슨 일이 일어나도 아무도 스즈메를

방해할 수 없을 거야.

너는 빛 속에서 어른이 될 거야!

sentence 107

行ってきます。好きな人のいる場所にね。

나 다녀올게. 좋아하는 사람이 있는 곳에.

『스즈메의 문단속』은 신카이 마코토 감독의 작품으로, 2011년 3월에 발생한 '동일본 대지진'을 모티브로 제작되었습니다. 규모 9.0이 넘는 엄청난 지진과 쓰나미에 수많은 사람이 목숨을 잃었습니다. 이 작품은 특히 '동일본 대지진'이 실제로 일어난 지역과 비슷한 곳에 문을 등장시킴으로써 참극을 겪은 일본인들의 속마음을 예술적으로, 시각적으로 표현했다는 점에서 큰 호평을 받습니다.

감독은 "여러 재난으로 인해 나라의 일부가 사라지고 폐허가 되어버리는 일이 전 세계에서 일어나고 있기 때문에 영화에서 그려낸 풍경은 전 세계 모두가 공감할 수 있으리라 생각한다."라고 전하기도 했습니다.

일본에는 'もののあはれ(모모노 아와레)'라는 말이 있습니다. 자연이나 인간 세상에 관한 무상한 느낌이라는 뜻으로, 사라져가는 것들을 그대로 받아들이면서도 쓸쓸하고 슬픈 감정을 느끼고, 동시에 그것들을 아름답고 소중하게 여기는 마음을 의미합니다. 스즈메와 소타는 문을 통해 삶과 죽음을 넘나듭니다. 한 걸음만 떼면 삶이고, 한 걸음만 돌아서면 곧 죽음인 것이죠.

이렇듯 우리의 생사는 한편으로 찰나의 것, 구별되지 않는 자연의 순리와 같습니다. 『스즈메의 문단속』은 'もののあはれ(모

모노 아와레)'의 태도처럼, 우리에게 세상을 있는 그대로 받아들이라고 이야기하는 것일 수도 있습니다.

스즈메는 모험을 통해 위로와 용기를 얻습니다. 그녀는 과거 자신에게 큰 힘을 주었던 존재가 사실은 엄마라고 착각했던 자기 자신이었다는 사실을 깨닫습니다. 불안정하고 힘든 시기를 겪던 어린 시절의 자신에게 결국 도움이 된 것은 자기 자신이라는 사실은 곧 우리가 의지할 곳은 나 자신이라는 점으로 연결됩니다.

오늘의 나는 곧 내일의 나이며, 오늘의 내가 있기에 내일의 내가 있는 것입니다. 결국, 스즈메가 닫는 문들은 과거의 상처와 기억을 상징하고, 문을 닫는 과정은 과거의 상처를 직면하고 치유하는 과정으로 볼 수 있죠. 인간은 어떻게 과거를 기억하고, 그 기억이 현재와 미래에 어떤 영향을 미치는가? 이는 베르그송의 '지속 이론'과도 연결될 수 있습니다. 기억은 단순히 과거의 기록이 아니라, 현재와 미래를 연결하는 중요한 요소입니다.

여러분도 다른 시대의 스스로로부터 큰 응원과 믿음을 얻을 수 있었으면 좋겠습니다. 오늘과 어제가, 오늘과 내일이 이어져 있다는 사실을 상기하면서요. 오늘을 소중히 하는 것이 단단한 나를 만들어 나가는 길이 아닐까요.

아이의 기억

오늘의 나는 어제의 나이자 내일의 나입니다.
어제와 내일의 나에게 해 주고 싶은 말이 있다면 적어보세요.

#시간 #나 #이해

스즈메의 문단속의
주제가를 감상해 보세요.

PART 4. 모험과 용기의 찰나 속에서

나이가 들면서 시간이 빨리 간다고 느낀 적 있나요? 나이가 들면서 경험은 쌓여가고, 많은 것이 익숙해집니다. 새로 처리할 정보가 없어 시간이 빨리 가는 것처럼 느껴지죠.

반복되는 일상에서 새로운 도전을 하고 있나요? 모험과 용기라는 단어가 왜 이렇게 어색한지 모르겠습니다. 어릴 땐 분명 자주 쓰곤 했는데 말이죠. 그래서 여러분의 가슴 깊은 곳에 가려져 있는 모험과 용기를 꺼내볼 수 있는 애니메이션들을 가져와 봤습니다. 무엇이든 도전해 볼 용기와 그 용기로 헤쳐 나갈 모험의 세계로 안내합니다.

4-1 사랑은 결국 두려움을 이기게 돼

겨울왕국 - 크리스 벅/제니퍼 리

산과 강으로 둘러싸인 아름다운 왕국, 아렌델. 아렌델 왕국에는 사랑스러운 자매 엘사와 안나 공주가 있었습니다. 언니인 엘사는 손을 펼치면 모든 것을 얼려버릴 수 있는 마법의 능력이 있었습니다. 사이좋은 자매 엘사와 안나는 엘사의 마법으로 함께 장난을 치며 놀기도 했죠. 그러던 어느 날, 엘사의 마법이 안나를 다치게 하고, 안나는 그 충격으로 정신을 잃습니다.

엘사와 안나의 부모님, 즉 왕과 왕비는 쓰러진 안나를 안고 트롤을 찾아갑니다. 트롤의 도움을 받아 안나는 무사히 치료를 받게 됩니다. 트롤은 그들에게 점점 강해질 엘사의 힘에 대해 경고합니다. 그 사건 이후부터 엘사는 사람들로부터 숨기 시작합니다. 사랑하는 동생을 다치게 한 마법의 힘을 통제하는 연습을 하고, 외부로부터 격리된 생활을 하죠.

한편 깨어난 안나는 그 사고와 관련된 기억을 모두 잃습니다. 엘사 언니가 마법을 사용한다는 사실조차요. 안나는 친하게 지내던 엘사가 갑자기 마음을 닫아버리니 당황스럽고 속상한 마음에 엘사의 방문을 두드리기만 할 뿐입니다.

시간은 흐르고, 어리던 엘사와 안나도 많이 자란 어느 날 참담한 소식이 들려옵니다. 배를 타고 여정을 떠난 부모님의 배가 폭풍우에 침몰했다는 소식이었죠. 부모님을 잃은 슬픔도 잠시, 첫째 공주 엘사는 아버지의 뒤를 이어 왕좌에 오를 대관식을 준비합니다. 하지만 마법을 통제하는 방법을 미처 제대로 터득하지 못한 엘사는 사람들에게 들킬까 봐 걱정이 큽니다.

sentence 108

This icy power is fierce, but the calm and frozen heart is worth digging out.

So cut through the heart cold and clear.

Strike for love and strike for fear.

See the beauty sharp and sheer.

Split the ice apart.

And break the frozen heart.

이 차가운 힘은 사납지만 또 잔잔하고 얼어붙은 심장은 캐낼 가치가 있다.

차갑고 깨끗하게 심장을 가르자.

사랑과 두려움을 향해 나아가자.

날카롭지만 순수한 그 아름다움을 보아라.

얼음을 쪼개자.

꽁꽁 언 심장을 깨부수자.

sentence 109

Elsa, Wake up. Wake up. Wake up!

엘사 언니, 일어나!

Anna, go back to sleep.

안나, 가서 자.

I just can't. The sky is awake, so I'm awake.

So we have to play.

안 돼. 하늘이 아직 자지 않으니까, 나도 안 자.

그러니까 우리 놀아야 해.

Go play by yourself.

너 혼자 가서 놀아.

Do you want to build a snowman?

Do the magic! Do the magic!

눈사람 만들지 않을래?

마법으로! 마법으로!

Ready?

준비됐어?

sentence 110

Elsa, what have you done?

This is getting out of hand.

엘사, 너 무슨 짓을 한 거야?

네 마법이 점점 감당할 수 없이 커지는구나.

It was an accident. I'm sorry, Anna!

그건 사고였어요. 미안해, 안나!

Oh. Her body is cold.

안나 몸이 차가워요.

I know where we have to go.

우리가 어디로 가야 할지 알겠네요.

sentence 111

Here, here. You are lucky. The heart wasn't attacked.

The heart is not so easily changed. But the head can be persuaded.

I recommend erasing all magic-related memories.

I'll make sure that the memories related to magic are safe.

But don't worry. I'll leave the fun. She will be okay.

여기, 여기 눕히세요. 운이 좋았네요.

안나의 심장을 공격한 것은 아니에요.

심장은 쉽게 변하지 않아요. 하지만 머리는 변하기가 쉽죠.

저는 마법과 관련된 모든 기억을 지우길 추천합니다.
마법과 관련된 추억들은 안전해지도록 할게요.
하지만 걱정하지는 마세요. 좋았던 순간들은 남겨둘 테니까요.
안나는 괜찮을 겁니다.

엘사의 대관식을 위해 그동안 닫았던 아렌델 성의 문을 여는 엘사와 안나. 엘사는 실수할까 조바심에, 안나는 새로운 사람들을 만난다는 생각에 떨립니다.

성 문이 열리자마자 신이나 뛰쳐나간 안나. 안나는 우연히 이웃나라 왕자 한스를 만나 사랑에 빠지죠. 짧은 만남이었음에도 불구하고 결혼까지 약속하는 안나와 한스. 다양한 사람을 만나 본 적이 없는 안나는 사랑하는 사람을 발견했다는 생각에 행복에 겨운 모습입니다.

안나는 곧바로 언니 엘사에게 결혼 소식을 알리는데요. 천방지축 안나와는 달리 차분하고 현실적인 성격의 엘사는 처음 만난 남자와 결혼하겠다는 안나의 의견에 크게 반대합니다.

사랑을 두고 벌어지는 자매의 말다툼에 엘사와 안나의 감정은 극에 달합니다. 엘사는 말을 듣지 않는 동생에게 화를 냈고,

안나는 마음의 문을 닫은 언니가 결혼까지 반대하자 속상함을 표출합니다. 결국 감정을 조절하지 못한 엘사는 마법을 사용하고, 아렌델 왕국 전체를 얼려버립니다.

당황한 엘사는 북쪽 산으로 도망가고, 아렌델 왕국은 엘사의 마법에 의해 영원한 겨울이 되어버립니다. 대관식을 축하하기 위해 모인 외국 사절단은 엘사를 괴물이라며 모욕하고, 백성들은 추위와 당혹감에 어쩔 줄을 몰라 합니다. 둘째 공주인 안나는 자신이 이 상황을 해결하겠다며 한스에게 아렌델 지휘를 맡기고 언니를 찾아 눈보라가 치는 북쪽 산으로 올라갑니다.

sentence 112

Listen to me Elsa. Your power will grow bigger and bigger.

There is beauty in it. But also great danger.

You must learn to control it.

Fear will be your enemy.

잘 들어요 엘사 공주님, 당신의 힘은 점점 커질 거예요.

그 힘에는 아름다움과 동시에 큰 위험이 있을 것입니다.

공주님은 마법의 힘을 조절하는 방법을 배워야만 해요.

두려움은 곧 당신의 적이 될 것입니다.

sentence 113

Cause for the first time in forever

There'll be music. There'll be light.

For the first time in forever

I'll be dancing through the night.

태어나서 처음으로

음악이 있고 빛이 있을 거야.

태어나서 처음으로

나는 밤새도록 춤을 출 거야.

sentence 114

Don't let them in.

Don't let them see.

Be the good girl, you always have to be.

Conceal. Don't feel. Put on a show.

Make one wrong move and everyone will know.

But it's only for today.

아무도 들어오지 못하도록 해.

아무도 보지 못하도록 해.

착한 아이가 되어야 해, 넌 항상 그래야만 해.

숨겨. 느끼지 말고. 가면을 써.

조금만 실수해도 모두가 알게 될 거야.

그래 딱 오늘 하루뿐이야.

sentence 115

Give me my glove!

장갑 돌려줘, 안나!

Elsa, please, please. I can't live like this anymore!

엘사 언니, 제발, 나 더 이상은 이렇게 못살아!

Then leave.

그러면 떠나.

What did I ever do to you?

내가 언니에게 뭘 했다고 그래?

Enough, Anna.

안나, 그만해.

No, why?

Why do you shut me out?

Why do you shut the world out? What are you so afraid of?

싫어. 내가 왜?

왜 나를 무시해왔어?

왜 세상을 다 차단했어? 너 뭘 그렇게 두려워하고 있는데?

등반 장비를 구하기 위해 한 상점에 도착한 안나. 안나는 그곳에서 스벤이라는 순록과 함께 다니는 얼음장수 크리스토프를 만납니다. 안나는 엘사 때문에 더 이상 얼음장수로 돈을 벌지 못하게 됐다는 크리스토프를 설득해 엘사를 구하는 여정에 함께 해달라고 부탁하죠. 궁전 밖을 나가보지 않은 안나에게 홀로 산을 올라 엘사를 찾는 일은 굉장히 어려웠기 때문입니다.

그렇게 안나, 크리스토프, 순록인 스벤은 함께 눈 덮인 산을 오릅니다. 산꼭대기가 보이기 시작할 때쯤, 올라프를 만나는 일행. 올라프는 엘사가 마법의 힘으로 안나를 다치게 했던 어린 시절, 자매가 마법으로 만들고 놀던 눈사람이었습니다.

엘사가 마법을 다시 사용하게 되며 다시 태어난 올라프. 말을 하고 걷기도 하는 올라프의 도움을 받아 안나와 일행은 엘사의 궁전으로 향합니다.

우여곡절 끝에 엘사의 성에 도착한 안나. 안나가 엘사에게 집으로 돌아가자고 설득하지만 자신의 마법에 두려움을 느낀 엘사는 동생의 설득에도 집에 돌아가기를 거부합니다. 오히려 아무도 없는 이 산과 자신이 만들어낸 이 성에서는 자유를 느낄 수 있다고 이야기하죠.

하지만 안나는 언니를 설득하기를 쉽게 포기하지 않습니다. 안나의 설득에 다시 한번 혼란스러운 감정을 겪는 엘사. 엘사는 이번에도 감정을 억제하지 못하고 마법을 내뿜게 되고, 그 마법은 불행히도 안나의 심장을 향합니다.

다시 한번 엘사의 마법에 상처를 입은 안나. 크리스토프는 안나를 데리고 자신을 키워준 가족들, 트롤을 찾아가 도움을 청합니다. 트롤은 안나 심장의 상처는 진정한 사랑의 키스로만 녹일 수 있는 것이라고 이야기하죠. 안나를 사랑하게 된 크리스토프지만, 안나를 한스 왕자에게 데려가기로 마음을 먹습니다. 안나와 한스 왕자가 서로 사랑한다고 생각했기 때문이죠.

sentence 116

Elsa is not dangerous.

I'll bring her back, and I'll make this right.

엘사는 위험하지 않아요.

내가 엘사를 데려와 모든 것을 바로잡을게요.

I'm coming with you.

제가 같이 갈게요.

No, I need you here to take care of Arendelle.

아니요. 당신은 여기 남아 아렌델을 보살펴주세요.

On my honor.

명예를 걸고 받아들이겠습니다.

I'll hand over the queen's authority to Prince Hans.

왕자 한스에게 왕비의 권한을 넘기겠습니다.

Are you sure you can trust her? I don't want you getting hurt.

엘사를 믿을 수 있는 거 확실해요? 당신이 다치지 않기를 바라요.

She's my sister. She would never hurt me.

엘사는 제 언니예요. 엘사는 절대 나를 다치게 하지 않을 겁니다.

sentence 117

I don't care! What they're going to say!

Let the storm rage on.

The cold never bothered me anyway!

It's funny how some distance

Makes everything seem small.

And the fears that once controlled me

Can't get to me at all!

It's time to see what I can do.

To test the limits and break through.

No right, no wrong, no rules for me.

I'm free.

Let it go, Let it go!

나는 이제 사람들이 뭐라 하던 상관하지 않아.

폭풍우가 계속되도록 둬.

추위는 날 절대 상대하지 못하니까

참 우습네, 거리를 조금만 두니

모든 게 다 작게 보여.

한때는 나를 조종했던 두려움도

이젠 날 괴롭히지 못해!

이제는 내가 무엇을 할 수 있는지 알아볼 시간이야.

내 한계를 시험하고, 또 깨버려.

옳고 그름도, 어떤 규칙도 내겐 없어.

나는 자유야.

이제 놔, 모든 것을 놔!

sentence 118

No, it's okay. You don't have to apologize…….

But you should probably go, please.

괜찮아. 사과하지 않아도 돼 안나…….

하지만 제발 돌아가 줘.

But I just got here.

하지만 나 이제 막 왔는걸.

……You have to belong in Arendelle.

넌 아렌델에 있어야 해.

You too.

언니도 마찬가지야.

No, I need to be here alone.

In a place where I can be myself and I don't hurt anyone.

아니, 나는 여기 혼자 있어야 해.

내가 나 스스로일 수 있으면서 아무도 다치게 하지 않는 이곳에서.

다시 아렌델 성에 도착한 안나, 그녀는 한스에게 키스를 요청하지만 한스는 거절합니다. 사실 한스는 아렌델 왕좌를 노리고 안나에게 청혼했던 사기꾼이었죠. 한스는 안나가 죽도록 방에 가두고는 엘사를 붙잡아 사형시키기로 합니다. 아렌델 왕국을 지배하겠다는 계획이었습니다.

이 사실에 좌절한 안나. 안나의 죽음이 가까워졌을 무렵, 올라프가 등장합니다. 올라프가 안나를 구하러 아렌델 성으로 잠입했던 것이죠. 올라프는 갇혀 있던 안나를 구하고 크리스토프가 안나를 사랑하고 있었다는 사실을 알려줍니다.

한편 한스는 엘사를 붙잡는 데 성공하고, 그녀를 죽이기 위해 눈보라 한가운데로 그녀를 끌고 옵니다. 한스가 칼을 들어 올려 엘사를 죽이려던 바로 그때, 크리스토프를 찾던 안나가 엘사를 발견합니다. 안나는 언니를 살리기 위해 자신이 대신 칼을 맞겠다며 뛰어들고, 바로 그 순간 안나는 마법의 상처에 의해 얼음덩어리가 되어버립니다.

자신을 구하기 위해 달려온 동생, 자신의 마법에 의해 얼음덩어리가 된 동생을 감싸 안고 오열하는 엘사. 엘사의 진심 어린 사랑의 눈물 때문이었을까요, 엘사가 감싸 안고 있던 안나의 얼음이 녹기 시작합니다. 그렇게 동생을 다시 찾게 된 엘사. 엘사는 사랑이 자신의 마법을 통제할 수 있다는 사실을 깨닫고 아렌델 왕국에 다시 여름을 불러옵니다.

한스는 벌을 받고, 안나는 크리스토프와 사랑을 확인하게 되고, 엘사는 아렌델의 여왕 자리에 오릅니다. 올라프도 물론 엘사의 마법으로 다시 살아납니다. 그리고 마지막으로, 안나와 엘사는 서로를 바라보며 다시는 성문을 닫지 말자고 약속합니다.

sentence 119

Anna, your life is in danger.

There is ice in your heart, by your sister.

If you don't get the ice out, you'll freeze forever.

안나, 지금 네 목숨이 위험해.

언니의 마법 때문에 네 심장에 얼음이 박혔어.

얼음을 빼내지 못한다면, 너는 영영 얼어버릴 거야.

What……? No.

네……? 안 돼요.

So remove it, Grand Pabbie.

그러면 제거해 주세요, 파비 할아버지.

I can't. If it was her head, that would be easy.

But only an act of true love can thaw a frozen heart.

나는 할 수 없단다. 머리에 박힌 얼음이었다면 쉬웠겠지만,

사랑에서 우러난 행동만이 심장의 얼음을 녹일 수 있거든.

An act of true love?

사랑에서 우러나오는 행동이요?

Like a true love's kiss, perhaps?

아마, 진정한 사랑의 키스 같은 거요?

sentence 120

Wha-? Anna?

안나……?

Oh, Elsa.

언니.

……You sacrificed yourself for me?

너 나를 위해 목숨을 내놓았던 거야?

……I love you.

언니 사랑해.

An act of true love will thaw a frozen heart.

진정한 사랑의 힘이 심장의 얼음을 녹일 거야.

Love…… Will thaw……

Love…… Of course……

사랑이……. 녹일 거야…….

사랑이……. 물론…….

『겨울왕국』은 월트 디즈니 컴퍼니 창립 90주년을 기념해 개봉한 영화로, 국내 디즈니 애니메이션 상영작 중에서는 최초로 1,000만 관객을 돌파했습니다. 한스 크리스티안 안데르센의 작품인 『눈의 여왕』 동화를 모티브로 한 이 작품은 어린아이부터 어른까지, 다양한 연령대의 관객에게 사랑받는 이야기입니다.

『겨울왕국』에는 성격이 정반대인 자매 엘사와 안나가 등장합니다. 엘사는 언니로 책임감이 강하며 묵묵히 자기 일을 해내죠. 누구에게도 자신의 감정을 표현하지 않은 채 혼자가 되어가면서까지요. 하지만 동생 안나는 밝고, 사람을 잘 믿고 순수하죠. 그래서인지 처음 본 왕자와 결혼하겠다는 말도 합니다.

그런 안나는 엘사에게 가장 소중한 존재이고, 철부지 같은 안나에게도 엘사는 제일 존경하고 사랑하는 사람이죠. 동생의 안전과 행복을 위해 도망친 엘사, 그리고 언니의 행복을 위해 언니를 찾아 모험을 떠나는 안나의 이야기는 관객들에게 소중한 사람을 떠올리게 합니다.

“사랑은 두려움을 이긴다.”라는 주제가 담긴 『겨울왕국』에는 자매의 가족애에 초점이 맞춰져 있습니다. 보통 부모와 자녀의 관계나 성애적 사랑을 다루는 다른 작품들과 차별되는 점이죠. 그리고 엘사는 자신의 능력을 두려워하며 숨기려고 하지만, 결국 이를 받아들이고 자아를 수용하는 과정을 겪습니다. “Let It Go”는 그녀가 더 이상 자신의 능력을 억누르지 않고, 있는 그대로의 자신을 받아들이겠다는 선언입니다. 이는 자아 수용이 개인의 심리적 건강과 자기실현에 필수적이라고 주장한 칼 로저스의 ‘인간중심적 접근이론’으로 해석됩니다.

더불어 큰 마법의 힘을 가진 엘사가 한 왕국을 이끄는 여왕이라는 설정은 여자아이들이 주체적으로 용기 있게 행동할 수 있도록 이끌 뿐만 아니라 성인 여성에게도 큰 힘이 된다는 평가를 받습니다. 여성의 권리에 관한 목소리가 높아지는 시대에 걸맞은 작품이라는 점에서 큰 시사점이 있습니다. 성별에 상관없이 모든 아이가 자신의 힘을 발휘할 수 있는 사회가 도래하길 바랍니다. 모두가 원하는 바를 이루는 시대가 오길 희망하고요.

아이의 기억

진정한 사랑이란 무엇이라고 생각하나요?
누군가와 조건 없는 아가페적 사랑을 경험해 본 적이 있다면 적어보세요.

#사랑 #조건 #마음

겨울왕국의
주제가를 감상해 보세요.

4-2 이 세계에서 우리는 함께할 거야

이누야샤 - 타카하시 루미코

어떤 소원이든 들어준다는 사혼의 구슬이 있습니다. 영롱하게 빛나는 보랏빛 구슬은 누구나 탐낼 만큼 매력적이죠. 인간의 피가 반, 요괴의 피가 반 섞인 반요 이누야샤도 사혼의 구슬을 탐내고 훔치기로 합니다. 사혼의 구슬로 진짜 요괴가 되길 바랐기 때문이죠.

이누야샤가 사혼의 구슬을 쥐고 달아나려던 순간, 사혼의 구슬을 지키는 무녀 금강이 나타나 그에게 활을 겨눕니다. 금강의 활에 이누야샤는 나무에 봉인되죠. 이누야샤와의 싸움에 큰 상처를 입었던 금강은 이누야샤의 봉인을 마치고 사혼의 구슬과 함께 화장됩니다.

현대시대의 평범한 중학생 가영은 유서 깊은 신사 집안에서 자란 여자아이로, 가영의 집에는 천 년이 넘는 신성한 나무와 낡은 우물이 있었습니다. 그러던 어느 날, 키우던 고양이가 사라져 온 신사를 뒤지던 가영. 마침내 사당 안 낡은 우물 근처에서 고양이를 찾습니다. 하지만 우물에서는 고양이만 발견된 것이 아니었습니다. 고양이를 품에 안고 있던 가영의 뒤로 우물에서 지네 요괴가 튀어나와 가영을 우물 아래로 끌고 내려갑니다.

우물을 통해 전국시대로 가게 된 가영. 가영은 자신도 모르는 우연한 힘으로 지네 요괴를 떨쳐내고 숲이 무성한 세계에 들어섭니다.

주위를 둘러보던 가영은 익숙한 나무 하나를 발견하고 다가갑니다. 그 나무는 가영이네 신사에 있던 신성한 나무와 닮았습니다. 가까이 가보니 나무 뒤편에 빨간 옷에 강아지 귀를 하고 하얀색 긴 머리를 한 남자가 묶여 있었습니다. 그렇게 이누야샤와 가영이 처음으로 만납니다.

sentence 121

死魂の玉…… これくらいのことで……

死魂の玉を私の死体と一緒に燃やしてくれ。

二度と邪悪な奴らに奪われないように。

사혼의 구슬……. 이까짓 것 때문에…….

사혼의 구슬을 나의 시체와 함께 태워줘.

두 번 다시 사악한 녀석들에게 뺏기지 않도록.

sentence 122

さっきはすまなかった。

最近は戦争中で、若者たちの神経が鋭くなっている。

私たちの村は戦争と関係ないとしても、人々が信じてくれなくて。

아까는 미안했다.

요즘은 전쟁통이라, 젊은이들 신경이 날카로워져 있어.

우리 마을은 전쟁이랑 상관없다 해도 사람들이 믿어야 말이지.

あの、ここは東京じゃないですか？

저, 여기는 도쿄가 아닌가요?

東京？初めて聞いたけど、そこがあなたの地元なの？

도쿄? 처음 듣는데, 거기가 네 고향이니?

はい、もう帰りたいです。

네, 이만 돌아가고 싶어서요.

sentence 123

千年も経った神聖な木に、なんだか不気味に見える古い井戸。
このすべてに由来があるようですが、
私はそんなことには全く興味がなかった。
15歳になる今日までは。

천 년이나 된 신성한 나무에 왠지 으스스해 보이는 낡은 우물.
이 모든 것에 유래가 있는 모양이지만,
난 그런 것에는 전혀 관심이 없었다.
열다섯 살이 되는 오늘까지는.

이누야샤를 살펴보던 가영의 뒤로 마을 사람들이 다가섭니다. 그리고 어딘가로 잡아가죠. 마을 주민들은 가영을 요괴로 착각하고 소금을 뿌리고 협박합니다. 하지만 이내 가영이 인간이라는 사실이 밝혀지고, 금강의 동생 금사매를 만나 도움을 받습니다. 금사매는 가영이 자신의 죽은 언니, 금강을 닮았다고 생각합니다.

그날 저녁, 가영을 전국시대로 데려온 지네 요괴가 다시 등장해 마을을 공격합니다. 그러자 가영은 용기를 내 혼자 지네 요괴를 마을 밖으로 유인하죠. 마을 사람이 피해를 보지 않도록요.

가영이에게 사혼의 구슬을 내놓으라 연신 외치던 지네 요괴는 가영이를 따라 숲으로 갑니다. 하지만 도망치던 가영은 곧 지쳤죠. 급박한 마음에 살려달라 소리치는 가영. 가영의 외침에 신성한 나무에 봉인당했던 이누야샤가 깨어납니다.

하지만 50년 전 금강에게 맞은 화살의 힘 때문에 나무에서 풀려날 수 없는 이누야샤. 도망을 치던 가영은 이누야샤가 봉인된 나무까지 옵니다. 가영을 발견한 이누야샤는 그녀를 금강으로 오해합니다. 금강의 냄새가 난다면서요. 가영과 이누야샤가 금강이라는 이름을 두고 실랑이하는 사이, 지네 요괴가 금세 가영을 쫓아와 붙잡습니다.

그러자 가영은 알 수 없는 힘으로 지네 요괴를 쓰러뜨립니다. 이 힘은 사실 가영의 몸속에서 보랏빛으로 반짝이는 사혼의 구슬에서 온 것이었습니다. 지네 요괴에게 입은 상처로 모습을 드러낸 사혼의 구슬. 가영이 구슬의 존재에 의문을 가지던 틈을 타 지네 요괴는 사혼의 구슬을 먹어버립니다.

sentence 124

誰か私を助けてください！

누가 나 좀 살려줘요!

においがする。私を殺した女のにおいが。

近づいてる。

냄새가 난다. 나를 죽인 여자의 냄새가.

다가오고 있어.

sentence 125

私は桔梗という人じゃない。分かった？

난 금강이라는 사람이 아니야. 알았어?

ふざけるな！ こんなひどいにおいを漂わせる女がこの世にあなた以外に他にいると思う？

웃기지 마! 이런 고약한 냄새를 풍기는 여자가

이 세상에 너 말고 또 있을 줄 알아?

あれ？桔梗じゃないじゃん。

어? 금강이 아니잖아.

ほら、私の名前は日暮かごめ。

거 봐. 내 이름은 가영이라고. 유가영.

sentence 126

私がどうやってこんなことができるの？

え？何かが輝いている。

私の体の中で…… あれが死魂の玉か？

내가 어떻게 이런 일을 할 수 있는 거지?

어? 뭔가가 빛나고 있어.

내 몸속에서……. 저게 사혼의 구슬인가?

そこのその玉を俺にちょうだい！

거기 그 구슬을 나에게 줘!

사혼의 구슬로 강해진 지네 요괴와 금강의 화살로 봉인된 이누야샤, 사혼의 구슬을 빼앗긴 가영. 이누야샤는 가영에게 화살을 뽑아 자신을 풀어주면 지네 요괴를 처리해 주겠다고 제안합니다. 가영이의 손에 봉인이 풀린 이누야샤는 지네 요괴를 단번에 죽여버립니다.

가영이와 지네 요괴를 따라온 금사매는 지네 요괴 몸속에 있는 사혼의 구슬을 되찾으려 하지만 쉽지 않습니다. 옆에서 지켜보던 가영은 금방 사혼의 구슬을 찾습니다. 그러자 금사매는 놀랐고, 가영이가 금강을 닮고 사혼의 구슬과 연관이 있는 데는 이유가 있을 거라며, 사혼의 구슬을 다뤄달라고 부탁합니다.

봉인에서 풀린 이누야샤는 가영의 손에 있는 사혼의 구슬을 빼앗으러 달려옵니다. 하지만 금사매는 절대 이누야샤에게 사혼의 구슬을 주어서는 안 된다며 달려오는 이누야샤 목에 염주를 겁니다. 그리곤 사혼의 구슬을 다룰 가영에게 염주에 엮일 주문을 읊도록 하죠.

이누야샤가 인간의 모습을 하고 강아지의 귀를 하고 있어서일까요, 가영이는 "앉아."라는 말로 이누야샤를 언제든 제압할 수 있는 힘을 가지게 되었습니다. 이제 이누야샤는 가영에게 꿈쩍도 못 하는 신세가 된 것이죠.

금사매는 가영에게 사혼의 구슬에 관한 이야기를 해 줍니다. 사라졌던 사혼의 구슬이 다시 이 세상에 나타난 이상, 사악한 요괴들이 가영에게 몰려올 거라고요. 금사매는 가영이가 죽은 금강의 환생일지도 모른다며, 사혼의 구슬이 가진 요력으로 자기 욕심을 이루려는 녀석들을 조심해야 한다고 일러줍니다.

지네 요괴를 처치한 것도 잠시, 그날 밤 까마귀 무리가 사혼의 구슬을 노리고 가영을 향해 날아옵니다. 눈 깜짝할 사이 사혼의 구슬을 까마귀에게 뺏긴 가영. 이누야샤는 가영을 업고 까마귀를 따라 빠르게 달려갑니다. 과거 금강의 활쏘기 실력이 대단했기 때문에 이누야샤는 가영에게 화살로 까마귀를 맞춰 죽이라고 요구하지만, 가영의 활쏘기 실력은 엉망이었습니다.

sentence 127

俺の胸に刺さった矢を抜くことができる？

내 가슴에 꽂힌 화살을 뽑을 수 있겠어?

それを抜いてはいけない。その矢は犬夜叉の封印だよ。

犬夜叉を自由に解放したら大変なことになると。

그걸 뽑으면 안 된다. 그 화살은 이누야샤의 봉인이야.

이누야샤를 자유롭게 풀어줬다가는 큰일이 난다고.

このおばあちゃんが何のうわごとだ！

ここでムカデのご飯になってこそ気がつくの？

이 할머니가 무슨 헛소리야!

여기서 지네의 밥이 되어야 정신을 차리겠어?

sentence 128

この玉を扱えるのは君しかいない。

あなたが桔梗姉さんに似ているのには理由があると思う。

이 구슬을 다룰 수 있는 사람은 너밖에 없다.

네가 금강 언니를 닮은 데에는 이유가 있을 거야.

ところで、これがなぜ私の体の中にあるのですか？

妖怪の力を強くする玉が。

그런데, 이게 왜 제 몸속에 있었던 것이죠?

요괴의 힘을 강하게 만드는 구슬이.

sentence 129

消えた死魂の玉が再びこの世に現れた以上 それを狙う邪悪

な奴らが群れをなして来るだろう。

世の中には邪魂の玉が持つ妖力で自分の野望を叶えたい奴らがたくさんいる。

사라졌던 사혼의 구슬이 다시 이 세상에 나타난 이상
그걸 노리는 사악한 녀석들이 떼거지로 몰려올 것이야.
세상에는 사혼의 구슬이 가진 요력으로 자신의 야망을
이루고 싶어 하는 녀석들이 수두룩해.

하지만 가영은 금세 다른 전략으로 까마귀를 맞춥니다. 바로 까마귀가 싸우다 두고 간 몸의 한 조각, 발을 화살에 묶어 까마귀에게 조준한 것이죠. 사혼의 구슬이 가진 재생의 힘을 노린 전략이었습니다. 사혼의 구슬을 훔쳐 간 까마귀에게 까마귀발을 조준한다면, 그 발은 자신의 몸과 합쳐지기 위해 날아갈 것이라면서요.

가영의 전략은 성공적이었습니다. 성공이다 못해 새로운 문제를 일으켰죠. 가영이 쏜 화살은 너무도 정확해 사혼의 구슬에 명중했고 구슬은 산산조각 납니다. 보랏빛 구슬이 수백, 수만 개의 파편으로 쪼개져 전국으로 퍼졌습니다.

부서진 구슬의 파편이 이 세상 곳곳으로 흩어지게 되며 재앙의 시대가 시작됩니다. 구슬의 아주 작은 파편이라도 강한 요괴의 손에 들어간다면, 그 요괴의 힘이 말도 못 하게 커지기 때문이죠.

가영과 이누야샤는 전국을 돌며 흩어진 구슬 조각을 다시 하나로 모아야만 합니다. 사혼의 구슬을 알아볼 수 있는 가영이의 능력과 이누야샤의 힘을 합치면 구슬 조각을 전부 찾을 수 있을 것이라는 금사매의 말에 가영과 이누야샤는 여정을 시작합니다.

sentence 130

あなたが嫌いなのは私じゃなくて桔梗という人じゃない？

私は日暮かごめだよ。桔梗じゃないって！

だから仲良くしない？

네가 싫어하는 건 내가 아니라 금강이라는 사람이잖아?

나는 가영이야. 금강이 아니라고!

그러니까 사이좋게 지내지 않을래?

お前バカじゃないの？

お前が誰であろうと、

死魂の玉を奪うためには人情事情を許さない。

너 바보 아니야?

네가 누구든 간에,

사혼의 구슬을 뺏기 위해선 인정사정 안 봐줘.

それでも。

でも、君がどんなに暴れても、

私が「座って」って言うと……

그러든지.

그런데 네가 아무리 날뛰어도,

내가 "앉아." 이 말만 하면…….

sentence 131

いくら同じ転生でも

いくら同じ姿だとしても

私は私で、キキョウはキキョウなの。

아무리 같은 환생일지라도

아무리 같은 모습일지라도

나는 나고, 금강은 금강이야.

sentence 132

かごめは俺に教えてくれた 笑顔を、 人を信じる心を。

かごめがいたから仲間ができた。

仲間に頼ることも、 人のために流す涙も 本当の強さも優しさも、 かごめが教えてくれた。

かごめは俺に会うために生まれてきてくれたんだ。

가영이가 나에게 가르쳐 준 웃는 얼굴, 사람을 믿는 마음.

가영이 덕분에 동료가 생겼다.

동료에게 의지하는 것도, 남을 위해 흘리는 눈물도,

진정한 강함도 상냥함도, 가영이가 가르쳐 주었다.

너는 나를 만나기 위해 태어난 거야.

だったら俺は命を懸けてお前を守る。

그러니까 나는 목숨 걸고 너를 지킬게.

『이누야샤』는 일본의 시대극 판타지 만화로 액션과 타임슬립, 시대극, 로맨스와 코믹 등 다양한 장르를 포함하여 큰 화제가 됐습니다. 특히 애니메이션에는 불교와 관련한 용어가 많이 나온다는 점도 매력입니다. 나락과 미륵이라는 주인공들의 이름뿐만 아니라 에피소드 곳곳에 불교의 교리가 녹아난 대사들이 나오죠. 이러한 특성은 원작 만화가 타카하시 루미코의 특색으로 여겨지기도 합니다.

특히 반인반요라는 이누야샤의 독특한 컨셉은 당시 많은 관심을 끌었습니다. 인간 세계에서 반인반요였다면 그가 특별한 존재가 되었겠지만, 요괴로 가득한 세상에서 반인반요인 이누야샤는 약자 취급을 받죠. 그래서 완전한 요괴인 형에게 열등감을 느끼기도 하고, 더 강한 요괴가 되려고 합니다.

그러나 인간인 가영을 만나면서 요괴의 힘뿐만 아니라 인간적인 모습을 더해가기 시작합니다. 이누야샤의 힘이 강해지는 것도, 인간적인 따뜻한 마음이 생겨나는 것도 모두 가영과의 만남에서 시작됩니다.

전국시대로 건너가 이누야샤와 만난 가영처럼, 우리 삶에는 운명이라는 것이 있나 봅니다. 〈운명과 연심〉은 이누야샤의 배경음악 제목이기도 하죠. 우리는 종종 운명이 다가오길 기다리고 바랍니다. 하지만 아무것도 하지 않은 채 기다리기만 한다면 운명이 여러분을 찾아오긴 힘들 겁니다.

조각 난 사혼의 구슬을 하나의 구슬로 만들어내기 위해 한 걸음씩 옮겨가는 가영이와 이누야샤처럼, 꾸준히 우리의 길을 걸어 나가다 보면 운명에 한 걸음씩 가까워지지 않을까요.

『이누야샤』는 현대와 전국시대를 넘나드는 사랑과 우정을 다룬 이야기이기도 합니다. 현대를 살아가던 가영이 전국시대로 타임슬립을 하고, 전국시대를 살아가는 이누야샤를 만나 모험하죠. 어떤 세계에 속한 존재이던 가영과 이누야샤는 함께할 때 가장 큰 힘을 발휘합니다. 가영은 이누야샤의 눈이 되어주고, 이누야샤는 가영의 발이 되어주는 것처럼요.

이는 무조건적인 사랑과 이타적 희생을 상징합니다. 이러한 사랑은 기독교 윤리학에서 강조하는 '아가페적 사랑'과 관련되죠. 무조건적인 사랑과 희생을 통해 서로를 구원하고 성장하는 과정은 인간의 본질적 가치와도 연관되고요.

우리도 거리가 가깝든 멀든, 함께할 때야 비로소 하나가 되는 존재가 있습니다. 함께하는 세상이란 바로 이런 것 아닐까요. 나의 부족함을 채워주는 먼 곳의 누군가를 생각해 보는 시간을 가져보길 바랍니다.

아이의 기억

함께할 때 비로소 하나가 되는 것 같은 존재가 있나요?
몸은 떨어져 있더라도 언제나 소중한 존재에게
하고 싶은 말을 적어보세요.

#함께 #같이 #하나

이누야샤의
주제가를 감상해 보세요.

4-3 포기를 모르고 달리던 시간

슬램덩크 - 이노우에 다케히코

북산고등학교에 입학한 빨간 머리의 강백호. 중학교 시절, 무려 50번이나 여학생들에게 고백했다가 모두 거절당했지만 고등학교에 올라와 새로운 마음으로 여학생에게 고백합니다. 하지만 역시나 거절. 그 학생은 농구부의 경민이라는 학생을 좋아한다며 백호의 고백을 거절합니다. 고등학교에서 또 한 번 좌절한 백호는 여자아이는 물론이고 농구부 자체를 싫어하게 됩니다.

그러던 어느 날, 소연이라는 예쁜 여자아이가 백호에게 다가옵니다. 소연은 스포츠를 하는 남자아이들은 멋지다는 말과 함께, 백호에게 농구를 좋아하냐고 묻습니다. 난생처음 받아보는 여학생의 관심에 농구부에 대한 미움은 사르르 녹아버리죠. 신이 난 백호는 복도를 이리저리 뛰어다니다 3학년 선배 영걸과 부딪히고 밉보이기도 합니다.

영걸이 혼쭐을 내주겠다며 백호를 옥상으로 불러냈지만, 소연과의 대화에 넋이 나간 백호는 농구부에 가보지 않겠냐는 그녀의 말에 체육관으로 향합니다. 백호에게 슬램덩크에 관해 말해 주는 소연. 소연은 서태웅이라는 선수의 덩크슛이 대단했다며 골대가 부서질 정도로 공을 과격하게 내리꽂는 슬램덩크에 관해 이야기해 줍니다.

백호는 소연의 마음을 얻기 위해 슬램덩크를 시도하지만 실패합니다. 하지만 슬램덩크 성공 여부는 중요하지 않았습니다. 소연은 백호의 엄청난 점프 실력을 보고 반드시 농구부에 들어가야 한다고 설득합니다.

sentence 133

バスケットボールは好きですか？

농구 좋아하세요?

(こんな天使が私に話しかけるなんて！)

はい、大好きです！ 私はスポーツマンですから。

(이런 천사가 나에게 말을 걸다니!)

네, 아주 좋아합니다! 전 스포츠맨이니까요.

sentence 134

おい、そこ赤毛。1年生かな？ 名前は何だっけ？

야, 거기 빨간 머리. 1학년인가? 이름은 뭐지?

スポーツスターの桜木花道です！

よく見てください！

스포츠 스타 강백호입니다!

잘 봐주세요!

sentence 135

あの、時間があればちょっとバスケットボール部に立ち寄らない？

何か特別なことがなければ……

저, 시간 있으면 잠깐 농구부에 들르지 않을래?

뭐 특별한 일이 없다면…….

いや！全然ないよ。俺暇だよ！

아니! 전혀 없어. 나 한가해!

sentence 136

特にゴールポストが壊れるほどボールを過激に突き刺すことをスラムダンクと言う。

中学校の時、お兄さんが試合でダンクシュートをしたら

僕たちのチームだけじゃなくて、相手チームの応援席でも興奮して

体育館が情熱的に動いた

本当にすごかった。

특히 골대가 부서질 정도로 공을 과격하게 내리꽂는 것을 슬램덩크라고 해.

중학교 때, 오빠가 시합에서 덩크슛을 하면

우리 팀뿐만 아니라 상대 팀 응원석에서도 흥분해서

체육관이 온통 흥분의 도가니가 되곤 했어.

정말 굉장했지.

スラムダンク！

슬램덩크!

また、流川 楓選手のダンクシュートもすごかったし。

또, 서태웅 선수의 덩크슛도 대단했고.

다음날, 복도에 키 크고 인기 많은 서태웅이 지나갑니다. 그리고 소연은 어제 백보드에 이마를 찧은 백호가 걱정되어 그를 찾아가죠. 그리고 백호에게 자신의 오빠가 해 줬단 말을 전해 줍니다. "끈기가 없는 사람은 농구부원이 될 수 없다."라는 말을 전하며 백호를 응원합니다. 소연의 믿음에 백호는 끈기 하나는 자신있다고 외치죠.

한편, 백호의 친구들은 백호가 걱정됩니다. 백호는 소연에게 마음을 빼앗겼지만, 과연 소연은 백호를 좋아하는 것이 확실한지 단정할 수가 없었습니다. 어쩌면 소연에게 남자 친구가 있고, 키 크고 인기 많은 서태웅이 그 상대일 수도 있다고요. 불안한 마음은 백호에게까지 전달되고, 백호는 관계를 확실히 하기 위해 소연에게 직접 서태웅에 관해 물어봅니다.

소연은 서태웅이 옆 학교의 농구부 에이스였으며 자신은 그를 짝사랑하고 있다고 말합니다. 서태웅은 자신의 존재를 모를 것 같다고 덧붙이기도 하죠. 소연의 대답에 백호는 큰 충격을 받습니다.

sentence 137

まさか…… 桜木、本当にすごい！

シュートは成功しなかったけど、とても素敵なジャンプだった！

あなたは必ずバスケットボール部に入らなければならない、必ず！

이럴 수가……. 백호야, 정말 굉장해!

슛은 성공하지 못했지만, 너무 멋진 점프였어!

너는 꼭 농구부에 들어가야 해 꼭!

そうしようか？

그럴까?

そう！必ずバスケットボール部に入るんだ！

그래! 반드시 농구부에 들어가는 거야!

sentence 138

桜木花道はバスケットボール部の救世主になる！ 必ず！

강백호는 농구부의 구세주가 될 거야! 반드시!

sentence 139

あいつも背が桜木くらい高いらしいよ。1年生かな？

저 녀석도 키가 백호만큼 큰 것 같아. 1학년인가?

チ、なんだか俺よりハンサムなやつを見ると気分が悪い。

칫, 왠지 나보다 잘생긴 놈을 보면 기분이 나빠.

sentence 140

額の傷はどう？

バックボードにあんなに強くぶつかったのに……

이마 상처는 어때?

백보드에 그렇게 세게 부딪쳤는데…….

赤木！ 俺は大丈夫！

소연아! 나는 괜찮아!

赤木、むしろゴールポストを心配した方がいいと思う。

こいつ頭は石より固いから。

소연아, 차라리 골대를 걱정하는 게 나을 거야.

이 녀석 머리는 돌보다 단단하니까.

한편, 지난번 옥상으로 불러냈지만 나타나지 않은 백호에게 더 크게 화가 난 3학년 선배 영걸. 영걸은 다시 한번 백호를 옥상으로 불러냅니다. 소연의 충격 발언에 심기가 불편해진 백호는 옥상으로 올라가겠다고 언성을 높이죠.

옥상에 가장 먼저 도착한 사람은 영걸과 친구들이었습니다. 하지만 옥상에는 이미 누군가 누워있었죠. 영걸은 누워있는 사람에게 시비를 걸고 잠을 깨웁니다. 영걸의 시비에 자리에서 일어나는 사람은 태웅이었습니다. 태웅이는 누가 되었든 자신의 잠을 방해하는 사람은 용서할 수 없다며 불같이 화를 내죠.

백호와 친구들은 뒤늦게 옥상에 도착합니다. 3학년 선배들의 무리가 이미 바닥에 쓰러져 있는 옥상에요. 백호는 어찌 된 일인지 영문을 묻고, 3학년 선배들을 혼자 쓰러뜨린 사람이 태웅이라는 사실을 알게 됩니다. 백호는 소연의 짝사랑 상대일 뿐만 아니라 힘까지 센 태웅에게 점점 더 큰 질투심을 느끼고, 이내 이성의 끈을 놓고 폭발합니다.

우연히 옥상으로 올라온 소연은 백호와 태웅이 마주하고 있는 모습을 봅니다. 백호가 태웅의 멱살을 잡으며 시비를 걸지만 태웅은 꿈쩍도 하지 않죠. 침착한 태웅의 모습에 더욱 불같이 화가 나는 백호. 설상가상 태웅의 얼굴에 묻은 핏자국에 소연은 백호에게 크게 실망했다며 사람을 다치게 하는 것은 용서할 수 없다고 소리칩니다. 백호는 소연의 말에 좌절감을 느끼죠.

태웅에게 다가가 상처를 치료해 주려는 소연. 백호는 다시 한 번 이성을 잃습니다. 이번에는 태웅의 얼굴에 주먹을 날리고 말죠. 태웅도 백호의 가격에 지지 않고 주먹으로 반격합니다.

서로가 쉽지 않은 상대라는 것을 느낀 두 사람. 몇 번의 몸싸움 끝에 백호와 태웅의 싸움은 무승부로 끝나고, 백호를 오해한 소연은 모든 것이 백호의 잘못이라며 백호만 나무랍니다.

시간이 흐르고, 소연은 자신이 백호를 오해했다는 사실을 알게 됩니다. 자신이 백호를 너무 심하게 대했다고 생각한 소연은 방과 후 백호를 찾아가 사과해야겠다고 마음을 먹습니다.

소연의 권유로 농구부에 들어간 백호는 괜히 농구에 심술이

납니다. 농구 연습 시간에 딴짓을 하며 자신이 가장 싫어하는 스포츠가 바로 농구라고 소리칩니다.

sentence 141

俺は、1年10組の流川 楓だ。

どんな奴でも俺の目を覚ますのは許せない。

나는, 1학년 10반 서태웅이다.

어떤 녀석이라도 내 잠을 깨우는 건 용서할 수 없어.

sentence 142

俺は、一年生の桜木 花道だ！

しっかり覚えておいて！

나는, 1학년 강백호다!

똑똑히 기억해 둬!

どうしよう？ 俺はもう忘れたのに。

어쩌지? 난 벌써 잊어버렸는데.

これが！

이게!

やあ、こいつ度胸がいいな。

이야, 이놈 배짱 한번 좋은걸.

sentence 143

暴力を振るって人を傷つけるのは許せない！

見間違えたよ、桜木！ あなたは最低だよ！

폭력을 휘둘러 사람을 다치게 하는 건 용서할 수 없어!

잘못 봤어, 강백호! 넌 저질이야!

농구부 주장 채치수는 공과 사를 구별하지 못하는 백호의 모습에 참을 수 없어 백호를 불러 따끔하게 혼을 냅니다. 하지만 이성의 끈을 완전히 놓은 백호는 주장 치수의 카리스마에도 꿈쩍하지 않고 그의 얼굴에 농구공을 날립니다. 치수의 삶에서 가장 소중하게 여기는 농구를 "그깟 공놀이"라고 비하하는 말을 내뱉기도 하고요.

결국 체육관에서 대결을 벌이게 된 백호와 치수. 이들의 대결에 많은 학생이 몰려듭니다. 대결 종목은 농구로 하고요. 치수는 자신이 10골을 넣을 때까지 백호가 1골이라도 넣는다면, 그것을 백호의 승리로 인정해 주겠다는 대결을 제안하죠.

한편 농구부 입부 신청서를 쓰고 있던 태웅도, 사과하기 위해 백호를 찾아다니던 소연도 백호가 누군가와 대결한다는 소문에 체육관을 찾아갑니다. 체육관에 도착한 소연은 충격을 받습니다. 바로 농구부 주장 치수가 소연의 친오빠였기 때문이죠. 뒤늦게 소연이 그들의 대결을 말리지만 전혀 소용이 없었습니다.

압도적인 실력으로 득점하는 치수, 농구에 관한 지식도 경험도 없는 백호는 속수무책으로 치수에게 당합니다. 치수가 8점을 득점하며 기회가 얼마 남지 않은 백호는 그를 뒤따르기라도 해야겠다는 생각에 치열하게 달려갑니다. 치수의 뒤에 도착한 백호는 그만 미끄러지고 마는데요. 넘어지던 백호는 급하게 무언가를 잡아당기고, 그렇게 치수의 바지가 백호에 의해 내려가고 맙니다. 수많은 학생이 모인 앞에 치수는 모욕적인 경험을 하게 되죠.

분노한 치수는 덩크슛으로 순식간에 9점을 획득합니다. 그 순간 경기장에 자리한 소연을 발견한 백호. 백호는 소연이 자신을 응원해 주기 위해 경기장에 왔다고 오해하고 다시 한번 힘을 내 엄청난 순발력과 점프력으로 치수의 공을 빼앗아 골대 안에 공을 넣는 데 드디어 성공합니다. 학생들은 백호의 매력에 점차 빠져들기 시작하죠.

sentence 144

ボール遊びって……?

공놀이라고……?

もう死んだ！ 主張が一番大切にするバスケットボールを侮辱したから！

이제 죽었다! 주장이 제일 소중하게 여기는 농구를 모욕했으니!

それしきのボール遊びと言っただろうね！

그깟 공놀이라고 했겠다!

主張落ち着いてください。

주장 진정해요.

お前、こっち来て！ ただではおかないぞ！

너 이리 와봐! 가만 안 두겠어!

sentence 145

お兄ちゃんはバスケットボールに関しては狂的な人です。

普段は優しい男ですが……

오빠는 농구에 관해서는 광적인 사람이야.

평소에는 부드러운 남자지만…….

あの怪物のような人が優しいって？

저 괴물 같은 사람이 부드럽다고?

小学校の時からひたすらバスケットボールにこだわり、

自分のすべてをバスケットボールにかけてきた人です……

초등학교 때부터 오로지 농구만을 고집하며,

자신의 모든 것을 농구에 걸어온 사람이야…….

sentence 146

うわぁ、ついに奪った！

우와 드디어 빼앗았어!

小僧がバスケットボール部の主将からボールを奪うなんて。本当にすごい！

애송이가 농구부 주장에게서 공을 빼앗다니. 정말 굉장해!

あいつ…… 普通の賭けじゃないよ？ 赤木からボールを奪うとは。
저 녀석……. 보통내기가 아닌걸? 치수한테서 공을 빼앗다니.

sentence 147

さっきまではただ面白半分で見ていた子供たちも熱が上がって応援してるじゃん。
桜木にだんだんはまってるんだよ。
아까까지만 해도 그저 재미로 보고 있던 아이들도
열이 올라 응원하고 있잖아.
백호란 애한테 점점 빠져들고 있는 거야.

『슬램덩크』는 스포츠 성장 만화로 이노우에 다케히코 작가의 농구 만화를 원작으로 합니다. 개성 있는 캐릭터들과 농구에 대한 완성도 높은 전문 지식이 가미된 것으로 유명한 이 작품은 각 캐릭터의 성격과 특징이 농구 포지션에 세밀하게 잘 맞아떨어진다는 특징이 있습니다. 작가 본인이 농구 가드 포지션 출신이었기 때문이었을까요, 전문적이고 전략적인 서사와 접목된 청춘의 사랑, 코미디 이야기는 지금까지도 독자들에게 사랑받고 있습니다.

작품의 주인공인 강백호는 다른 애니메이션 주인공들과 달리 처음엔 농구에 관심도 없습니다. 그저 좋아하는 여자아이가 동경하는 남자가 농구를 한다는 이유로 자기도 농구를 해야겠다고 생각하죠.

이렇게 철없는 주인공은 농구만을 위해 달려온 다른 학생들에게는 눈엣가시처럼 여겨질 수밖에 없습니다. 해본 적도 없으면서 자신을 천재라 칭하며 달려들죠. 진심으로 시작한 농구는 아니었지만 백호는 점점 농구에 빠져들며 잘하고자 노력합니다. 그리고 그를 믿지 못했던 사람들에게 노력과 재능의 결과를 보여줍니다. 특유의 긍정과 지치지 않는 시도는 사람들의 마음에도 불씨를 피웠습니다.

스포츠를 주제로 한 애니메이션은 우리에게 큰 울림을 줍니다. 스포츠 특유의 팀워크와 그 속에서 일어나는 특별한 관계성이 특히 우리를 웃게 하고 또 울게 하기도 하죠. 스포츠를 주제로 한 작품 중 단연 클래식으로 손꼽히는 『슬램덩크』에서는 끈끈한 유대감으로 우리가 가지는 관계의 중요성을 떠올리게 합니다. 『슬램덩크』는 팀원들 간의 우정과 협력을 강조합니다. 백호와 그의 팀원들은 서로를 믿고 도와가며, 어려움을 함께 극복하죠. 이들의 연대는 농구 경기뿐만 아니라 일상생활에서도 서로를 지지하고 격려하는 모습으로 나타납니다.

이는 공동체 윤리학과 관련이 있습니다. 팀원들 간의 우정과 협력은 니체의 "친구란 내가 자유로울 수 있는 장소다."라는 말처럼, 서로를 통해 자유로워질 수 있는 관계를 상징합니다. 그들은 각자의 개별성을 존중하면서도 함께 일하는 공동체로서의 가치를 이해하고 실천하죠.

한계를 두지 않고 달려 나가는 백호는 『슬램덩크』 속 인물 중에서도 가장 매력적인 캐릭터로 손꼽힙니다. 조금은 부족하고 막무가내이기도 한 백호이지만, 절대 포기하지 않고 무언가를 지속해 나가는 백호의 모습을 응원하게 되는 것이죠. 우리도 백호의 무모한 도전들처럼, 끊임없이 달려 나갈 수 있었으면 좋겠습니다. 그렇게 달려 나갈 여러분을 상상해 봅니다.

아이의 기억

무모하게 도전했던 경험이 있나요?
혹은 미래에 용감히 도전해 보고 싶은 것이 있다면 적어보세요.

#무모함 #도전 #변화

슬램덩크의
주제가를 감상해 보세요.

어쩌면 애니메이션 속 주인공이 나일지도 몰라

지친 나에게 권하는 애니메이션 속 명언

초판 1쇄 발행 2024년 7월 8일

지은이 | **이서희**

기획 편집 총괄 | **호혜정**

편집 | **유승현**

기획 | **심유정**

디자인 | **정나영**

교정교열 | **김수하 손하현 김민아**

마케팅 | **이지영 김경민**

펴낸곳 | **리텍 콘텐츠**

주소 | **서울시 용산구 원효로 162 세원빌딩 606호**

이메일 | **ritec1@naver.com**

홈페이지 | **http://www.ritec.co.kr**

ISBN | **979-11-86151-70-9 (03190)**